リーダーシップ道場

人生と仕事を豊かにする
40の実践知

ピーター D. ピーダーセン
Peter David Pedersen

産業能率大学出版部

リーダーシップ道場
―人生と仕事を豊かにする40の実践知―

この本を世界の次世代リーダーに捧げる

本書の印税はすべて筆者が代表理事を務めるNPO法人NELIS（Next Leaders' Initiative for Sustainability）に寄付されます。NELIS（ネリス）は、2015年1月、滋賀県近江八幡市で設立された日本の市民団体です。世界各地の若手社会イノベーターや社会起業家をつなぎ、鼓舞し、エンパワーすることを使命としています。

NELISのビジョン
One World in Harmony

NELISのミッション
Connecting, Inspiring, and Empowering a
New Generation of Sustainability Leaders Worldwide

執筆時は、日本の他、シンガポール、ネパール、フィンランド、ナイジェリア、ウガンダ、コロンビアなどで現地法人が活動し、約110カ国1万3,000名がこれまでの活動に参加しています。持続可能な未来を目指して、世界各地で活躍する20代～30代の次世代リーダーを、本書の出版を通じて応援できることに大きな喜びを感じています。

NELISにご関心の方は、ウェブサイトをご覧ください。
www.nelisglobal.org

目　次

第2部　体——健康、Soma、体調管理の場

第4部　公——社会、Cosmos、世界の場　221

序　章

リーダーシップにまつわる3つの原体験

人生は「道場」のようなものです。生きる道を探求し、学び続ける場なのです。

その「学ぶ場」は、当然1つではありません。本書では、私たちが生活や仕事の中で常に行き来する「4つの場」を描き、それぞれにおいて自らを導き、他者と協働し、社会をリードするための「実践的な哲学」を追求します。

これは、リーダーシップについての本です。

しかし、必ずしもフォロワーを必要とするリーダーシップではありません。肩書きや権威を前提とするリーダーシップでもありません。自分の内面を見つめ直すところから始まる「4次元リーダーシップ」の、終わりなき旅のようなものです。その旅の中で、どのように物事を捉え、何を実践すれば人生、仕事、社会をより豊かに導けるかを、私自身の経験を出発点に紹介していきます。

最初に、私の3つの原体験からスタートしたいと思います。笑いもあれば多くの涙も流し、痛い目に何度も遭いながら、3つの観点から私は「リーダーシップ」について深く学んできました。

原体験① 病との対峙《たいじ》を通じたもの

２００５年大晦日《おおみそか》の夕方、寒い中（そして、猛烈に忙しい年の瀬に）公園でジョギングをした後、アスレチック道具を使って腕立て伏せや腹筋に一生懸命取り組んでいました。当時、とにかく「もっと強くならないと！」と思い込んでいて、疲労やストレスなどでがちがちに固まっていた体を、さらに痛めつけていました。

そして、案の定、切れてしまったのです。

首の右上、後頭部との境目のところで「パチッ」という音がして、軽い痛みが生じました。その時はそれほど気にならなかったものの、翌朝（２００６年元旦）目が覚めると、その箇所がかなり痛い。とても厄介な場所です。病院でＣＴスキャンを受けても異常は発見できず、医者から「職業病ですね」と告げられました。つまり、パソコンの使い過ぎだというのです。

しかし、痛みは一向に消えず、２月に中国人の著名な鍼灸《しんきゅう》師にかかりました。「ピーターさん、人間には限界がある。このまま続けると慢性化する」と脅されました。鍼灸のおかげで痛みはいったんすっかり消えましたが、私は先生の警鐘に耳を傾けることなく、猛烈主義に戻りました。

ストレスを抱えている状態も続いていました。体の不調をごまかしながら過ごしていたら、翌年の４月中旬、確かに言われたとおり、突如「慢性化」しました。「突如」とは、その時感じたことに過ぎず、発症の裏には治りきっていなかった後頭部のじん帯の損傷（これが原因と考えるに至りました）に加え、猛烈主義から脱却できていなかった働き方が潜んでいました。とにかく、いきなり「慢性化」する日が訪れたのです。

首周辺の神経痛に始まり、平衡感覚の乱れ、不整脈、体の左側での呼吸困難、そして胃腸の機能不全などに次々と見舞われます。この苦い経験については第1部と第2部で触れますが、何はともあれ、「社会変革」を合言葉に「外なる世界」を変えようと奔走していた私は、自分の肉体と内面を深く見つめ直し、自らを律し、心身の健康を取り戻すための長い病のトンネルに放り込まれたのです。

なぜ、これが「リーダーシップの実体験」なのだろうかと、読者は思われるかもしれません。当時、私も決してそのように気持ちを処理できていたわけではありません。ひたすら苦しい、抜け出せない不調のトンネルが7年続きました。共同創業した会社も辞めざるを得なくなり、収入が「ゼロ」になるという結末をもたらした苦難の7年間でした。

かつて、デンマークの哲学者キルケゴールが「人生は後ろを向いてしか理解できないが、前を向いてしか生きられない」と言ったように、私も長い病からようやく抜け出せそうになった頃、初めて見えてきました。他者や社会に対するリーダーシップの前に、まずは自分の内面と体をきちんと管理する能力を身につけるよう、仕向けられていたということを。つまり、リーダーシップは、内なる世界と、それを取り巻く肉体との付き合い方を覚えるところから始まります。ここが、本書で紹介するリーダーシップ道場における4つの場の出発点でもあります。心と体、soul と body であり、道場の最初の2つの「実践の場」です。

原体験② 組織を立ち上げ、他者とともに共通の目的に向かうために発揮するリーダーシップ

2000年に、サステナビリティ・コンサルティングを手がけるベンチャー企業㈱イースクエアを共同創業し、ゼロからの起業を経験しました。資金調達に奔走し、スタッフを採用し、「人事」でも「事業」でも大いなる失敗を経験しました。20人近くで立ち上げた組織は、事業が思うように軌道に乗らず、一時は7人程度にまで縮小し、その後再スタートを切り、7年目でようやく累積黒字を達成しました。

エンジェル投資家から調達できた9000万円以上の大切な資金は8カ月ほどでほぼ底をつき、さらに4000万円強の追加調達で会社の命をつないでいきました。この会社を共同創業する数年前に、小さな出版社もゼロから立ち上げていました。その会社では、最も信頼していた共同経営者に金銭面で裏切られ、無借金だった私は、突然多額の借金を背負う羽目になりました。病も影響し、すべてを返すのに、19年かかりました。

人を信頼することの難しさ。

お金を「挟んで」他人と付き合う上での落とし穴。

そして、志を再燃させ、再起するエネルギーを与えてくれる、よき仲間やメンターの大切さ。

そんなことを「起業」と「廃業」の両側面から学びました。

共同創業した㈱イースクエアは、病をきっかけに、断腸の思いで創業から11年で辞めざるを得ない

状況に追い込まれました。人生のすべて――削った睡眠時間を考えるとほぼ文字どおり「100％以上」――注ぎ込み、なんとか社員とともに軌道に乗せられた会社を、体調不良によって43歳で退社。その他のすべての仕事も断り、2年間は「社会から完全チェックアウト」。徐々に、誰も声をかけなくなっていきます。体の回復に専念できたのはよかったけれど、他人とのつながり、特に社会的な存在としての自分が日に日に「細く」なっていくことを実感しました。

2年間の完全休養と、ありとあらゆる治療法（15種類、計420回）や心身の回復に関する学習と実践を経て、少しずつ快方へと向かいました。そんな中、白紙状態になった仕事人生をその後どうしたいかを、森を散策しながら、あれこれ1人ブレストしていました。

1つの結論は、収入源の確保から生まれたというより、生きる上での自分の使命から自然に湧き上がってきました。その10年程度前から考えていた構想の実現です。世界各地の次世代社会イノベーター、次世代リーダーを育成し、変革者として彼らを手助けする地球規模のネットワークやコミュニティの立ち上げです。人生の長さを予測もできなければ、いつ死ぬかもわからないのなら、やはりあきらめることのできない、放っておけない仕事にチャレンジしたいという、静かな決意が芽生えてきました。

その結果、2015年に生まれたのが、滋賀県近江八幡市でスタートを切ったNPO法人NELIS（ネリス）です。Next Leaders' Initiative for Sustainabilityの頭文字をとった組織名で、その名のとおり、社会変革やサステナビリティに取り組む次世代のリーダーを世界規模でネットワーク化し、育成する団体です。このNELISは、組織ならぬ組織のような生き物です。世界各地の志あるヤング・プロフェッショナルを束ね、必ずしも給料を支払えない中でも共通のビジョンに向かって歩調を合わせて前進する。そして、1人ずつ、オンライン会話とリアルでの集いを重ねながらコミュニティを拡大し、有機的に、そして大きな資金もつぎ込むことなく「行動できるネットワーク」へと成長していきました。

本書を執筆している時点で、NELISはそこそこの規模のNPO法人に発展しています。中心メンバーは20カ国40名となり、給料や業務委託費も30名強に払うところまで育ち、「従来のものさし」で見ても「組織」といえるような集団になっています。オンラインツールを使って、世界の津々浦々から集う700名が共同作業を行い、ネットワークには110カ国超、1万3000人以上の素晴らしい若きリーダーが集うようになりました。

このNELISを、自分の体がまだ完全に回復していない中、さらに生活のための仕事の基盤も十分に再構築できていない時期に前進させることは、私にとって究極のリーダーシップのチャレンジでした。恐怖心がなく、ヒエラルキーもほぼ存在せず、ある共通善に向かって自発的に動く集団のことを「ティール型組織」ということがありますが、つい最近まで「そんな組織なんかできるわけないだろう」と冷ややかに見ていました。しかし、いつの間にか、自分はそのような団体のど真ん中に立たされているという実感を、驚きとともに味わうことができています。

ここに、本書でいうリーダーシップ道場の対人のフィールド、チームビルディングのフィールドが存在します。組織を健全に動かすという領域でもあります。自分と他者の間の創造的かつ発展的な関係性について学ぶ道場の3つ目の場です。

原体験③　著名人や政治のリーダーとの仕事を通じて感じた「社会を導く」難しさ

偶然が重なり、ベンチャー企業イースクエアを興す5年ほど前の1995年から、日本で仕事をする運命に巡り合いました。その一環として、20代後半から、世界の著名人を日本に招聘《しょうへい》する極めて刺激的な仕事を任されました。未来学者のアルヴィン・トフラーやジョン・ネズビッツ、環境学の大家レスター・R・ブラウン、英国の元首相マーガレット・サッチャー、アメリカ元国務長官ヘンリー・キッシンジャー、経営学の〝神様〟ピーター・ドラッカーなど、「雲の上のような存在」と直接交流し、仕事をともにしました。

彼らの講演料は3時間で500万円を下ることは少なく（マーガレット・サッチャーは750万円だったと記憶しています）、圧倒的な集客力を誇っていたものの、私はどうしても「もったいない！」と思い、その「有効活用」をあれこれ考えていました。出版社とタッグを組み、少し追加のフィーを支払うことで日本向けの書籍の出版を持ちかけてみると、意外にも次々に実現していきました。

マレーシアの現役首相だったマハティール・ビン・モハマド、シンガポール建国の父リー・クアン・

ユー、20世紀後半の経済学最高峰の1人、ジョン・K・ガルブレイス、社会学最高峰のダニエル・ベルなどを訪問し、長時間の取材を経て、日本向けの本をライティングさせてもらいました。2年で8冊ほどの執筆を行い、頭の中は常に英文字と本の構想で埋め尽くされていました。

さらに、カンボジアのシアヌーク国王との面談、ソビエト連邦を大改革に導いたミハエル・ゴルバチョフとのシンポジウム、そして、チャールズ皇太子（当時）とも気候変動に関する企業向けのワークショップを開催しました。日本の大手企業の経営トップとも多く接する機会に恵まれてきました（実は、あのカルロス・ゴーン氏の社会評判委員会の委員も一時期務めていましたが、どうやらその仕事は失敗に終わったようです……）。

このような錚々《そうそう》たる人たちと長時間会話することや、彼らになり代わって本を執筆することは、30歳そこそこの若造にとってかけがえのない、エキサイティングな経験でした。凝縮された彼らの知恵の片鱗《へんりん》も、おそらく私の頭の中に残ったことでしょう。

しかし、後から振り返ってみると、どうしても消え去ることのない疑問が残ります。「社会をリードすることとは」「地球社会を健全に導くこととは」「未来を可能にするリーダーシップとは」——実際に、今、地球社会が向かっている方向を見ると、これらの問いについて考えずにはいられません。ただ単に「リードする」ということが重要なのではなく、いかなる将来社会に向かい、どのような優先順位をもってリードするかも考慮しなければ、明るい未来は訪れません。

自然環境の劣化や気候変動の顕在化など、80億人超の地球市民が直面している甚大な課題を考えると、これまでの「社会のリーダー」「著名人」「有識者」「指導者」は皆失敗しているのだと、将来世代に言われても仕方ありません。未来の声として、「あなたたち（著名人、政治リーダー、経済のリーダーなど）は、何を重視し、何を選び、そして何を選ばなかったから、地球社会が今のようなありさまになったのか、お答えください！」と、突きつけられて当然ではないでしょうか。

リーダーシップ道場、その４つ目の場は、自分と組織を超え、社会、共同体、地球をもリードしていくというフィールドです。コミュニティであり、公や地球のフィールドです。どのようなリーダーシップ・スタイルがふさわしいのか、社会をよりよい方向に変革するリーダーシップとはどうあるべきか――これらについても本書で、具体的なヒントを紹介しつつ考えていきます。

リーダーシップ道場の４つの場

「道場」は、日本から世界に広まり、いつの間にか国際用語になった言葉です。

しかし、その語源や由来を詳しく知っている人は、割と少ないのではないでしょうか。私自身もごく最近まで、この言葉が生まれた背景を知りませんでした。近年は、柔道、剣道、合気道などを学ぶ武術の場として知られていますが、このような使い方が一般的になったのは明治時代だったようです。精神性を重んじつつも、何より「戦う技を身につける場」といったイメージだと思います。しかし、言葉の由来そのものはかなり違ったところにあります。

「道場」は、もともと仏教に端を発しています。今でも禅道場はそこそこ広く知られていると思いますが、語源をたどると道場はインド、サンスクリット語の bodhi manda の訳語であることが見えてきます。「Bodhi」とは、仏陀《ぶっだ》が悟りを開いたとされる時に、その下に座っていた木の名前であり、「manda」とは座っていた場所そのものを指しています。言葉としては、その後中国にわたり「道場＝dao chang」となり、やがて日本に入ってきました。

つまり、道場とは悟りを開く場であり、もし「闘い」があるとすれば、それは何より「自分との闘い」を指しています。本書では、実践を通じて人生の歩み方を学ぶ場やフィールドと捉えています。私たちは、人生の学びを通じて、己を導き、他人とともに歩み、社会をリードする術を、1つひとつの体験を重ねながら身につけていきます。本書の最も大切なコンセプトになりますので、あえて私が考えている英語での表現も共有したいと思います。Dojo is a “space for learning through practice”、直訳すれば「実践を通じて学ぶ場」です。

先述したように、私自身の人生経験と学習を踏まえ、リーダーシップを磨く「道場」に4つの場があると思うに至りました。私たちが過ごす日常の中で、この4つのフィールドは重なり合いながら存在していますし、その間を常に行き来しながら生きています。しかし、あえて分析しようと思うならば、4つの異なる性質や特徴を持った個別の「場」としても捉えることができます。わかりやすくするために、図表化したモデルで紹介します。

図序-1は、本書の骨格になりますので、少し丁寧に説明したいと思います。第1章以降は、ひたすらこの4つの場において、どのようにしてリーダーシップを磨けるかについて、私の経験に基づくヒントや具体的なテクニックを紹介していきます。

リーダーシップ道場の上の2つの場は、「己」に最も直接的に関わるものです。「心」と「体」と名づけています。1つは、自分の内面「psychi（サイキ）」、「魂（soul）」にまつわるものであり、もう1つは自分の外的存在である体や肉体的健康に関係するフィールドです。この2つをコントロールする難しさは、読者も肌で感じているのではないでしょうか。私自身も幾度となくこの2つの場で苦労や苦しみを味わっては、乗り越えています。

リーダーシップ道場の下の2つの場は、他者や社会と接するフィールドです。「間《かん》」と名づけた場は、対人関係、チームづくり、組織づくりにまつわる領域ですが、人と人の「間《あいだ》」がポイントになるため、あえてここでは「間」と表現することにしました。

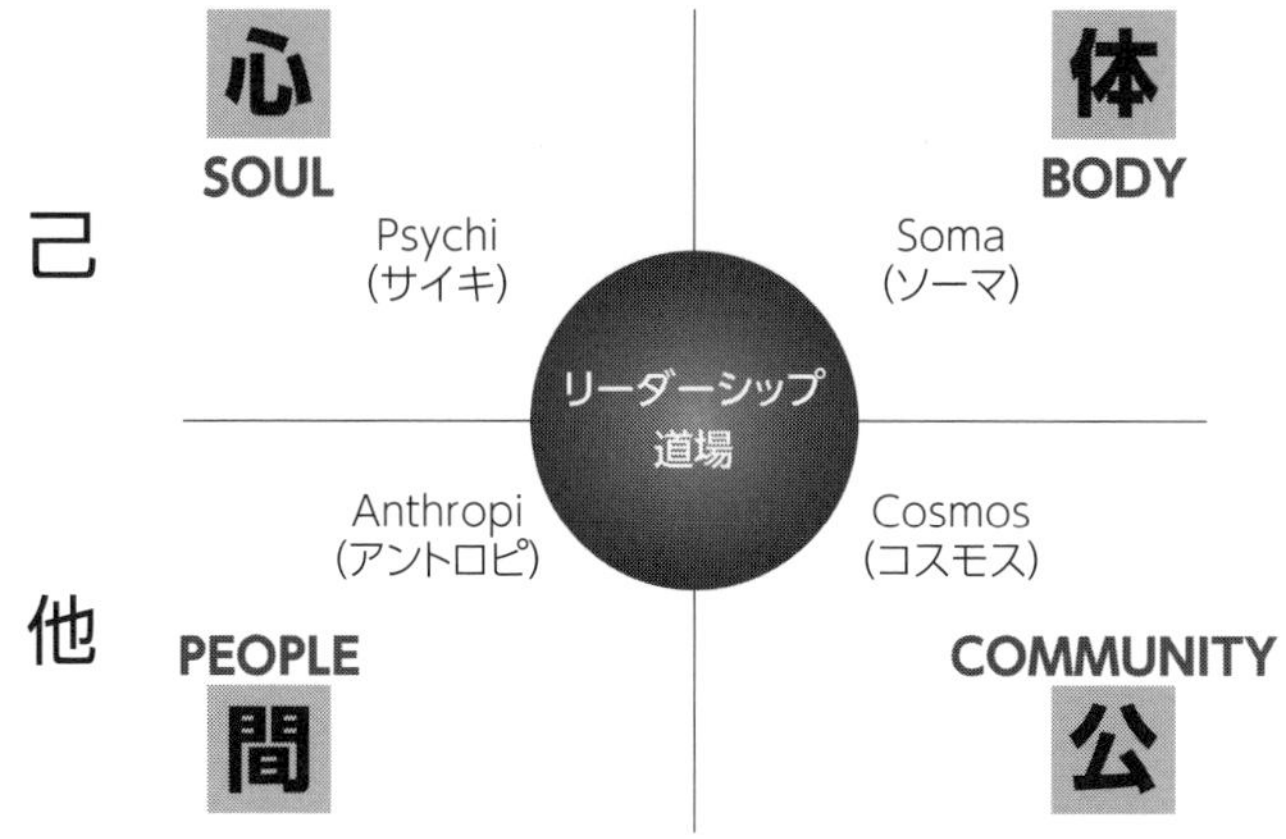

図序-1　リーダーシップ道場4つの場

図の右下は、社会や他の生き物を含む自然界、そして地球と向き合うフィールドになります。多くの人にとって、ここはややなじみが薄いか、近寄りがたいかもしれませんし、日々それほど考える機会もないかもしれません。しかし、この「場」における実践なくして、言い換えれば、社会や公へのコミットメントなくして正しいリーダーシップは発揮できないと思います。

4つの場を合わせると「心・体・間・公」(しん・たい・かん・こう)になり、少し覚えやすくなるのではないでしょうか。「4次元リーダーシップを実践する道場」であり、私たちの人生そのものとも言えます。

＊

「リーダーシップ道場」について考え始めたそもそものきっかけを紹介したいと思います。2015年秋、先述した世界の若手リーダーを育成するNPO法人NELIS(ネリス)は、世界14カ国から25名の次世代リーダーを滋賀県近江八幡市に招き、1週間にわたりワークショップやフォーラムを実施しました。世界各地に散らばっている若きリーダーを、どのような活動を通じて束ね、エンパワーすることができるか?　活動の骨組みすらない、でき立てほやほやの組織における対話と創発の場でした。図序-1のモデルでいう「間」と「公」の両方に関わる議論であり、極めて刺激的な時間でした。

この1週間のプログラムの中で、丸1日は、禅寺である永源寺の60畳間をお借りし、禅に関する講和も（英語で）頂戴しつつ、ワークをしました。日本からの参加メンバーには、世界経済フォーラムにも参加する、モダンで英語もできる若い僧侶、松本紹圭さんが含まれていました。おそらく彼が参加したおかげと、禅寺で議論を重ねた結果、この産声を上げたばかりのネットワークは、「変革型リーダーのための道場」になるべきではないかとの提案がありました。世界中の若手リーダーをつなぎ、鼓舞し、エンパワーする――そんなリーダーシップの道場がよいのではないか、と。この提案が脳裏に焼き付いて、9年後の2024年初頭に、私はついに「4つの場から構成されるリーダーシップ道場」という、本書のコンセプトに至りました。

＊

本書でいう「リーダーシップ」の定義とは、次のようなものです。

1. 自他の声に耳を傾け、共感する。
2. 勇気を持ってイニシアティブをとる。
3. 将来の展望を出発点に、自ら道を切り拓《ひら》く。
4. 常にグレイター・グッド、より大きな善を忘れずに進む。

英語で、よりシンプルに描くこともできます。

〔リーダーシップの必要条件〕
Listen
Take Initiative
Chart a path forward
Never forget the greater good

これは、「道場４つ場」すべてにおいていえることです。
自分の内面と対峙する中でも、
体力強化や健康管理に取り組む時も、
対人関係や組織づくりにおいても、
そして、社会と接し、共同体を導くにあたっても、
健全なリーダーシップを発揮するために、この４つの角度が重要になってきます。

リーダーは聞いて共感力を高める。

リーダーはイニシアティブをとって、一歩前に踏み出す。

リーダーは先を見据え、新たな道を切り拓こうとする。

そして、リーダーは大義や大局的な視点からの「ベスト・ソリューション」を念頭に動く。

これが本書でいう「リーダーシップ」であり、この姿勢を、４つの場それぞれにおいて貫けば、人生も仕事も質的に改善するでしょう。

＊

そろそろ実践のためのヒントへとコマを進めたいと思います。40の短い章の中に、人生をより豊かにし、対人関係を改善させ、社会をよりよい方向に導くための「実践知」を可能な限り盛り込んでみました。最初に私たちの内面、心、魂の場への扉を開けてみたいと思います。

第Ⅰ部

心――内面、Psychi、心幹を強くする場

第１章

ナチスの収容所で「生」と「死」を分けた精神の違い

第二次世界大戦が始まる前から、ナチスドイツは政敵や同性愛者、そして何よりユダヤ人を大量に収容所に投獄していました。１９４５年に戦争が終結を迎えるまでに、計１０００カ所程度でこのような収容所が設置され、過労、病、射殺、そしてガス室で殺された囚人は数百万人にのぼるといわれています。

『夜と霧―ドイツ強制収容所の体験記録』（みすず書房）で世界的に有名になったオーストリアの心理学者ヴィクトール・Ｅ・フランクルも収容所に送り込まれた１人です。彼はユダヤ人であり、妻、両親、兄とともに１９４２年に収容されました。１９４５年に解放された時点で生き残っていたのは、その中でヴィクトールただ１人でした。父親は肺炎で亡くなり、妻、母親、兄はガス室などで殺されました。

４つの収容所を転々と移動させられたヴィクトール・フランクルは、自分の周りで次々に死んでいく仲間を目の当たりにしました。しかし、その壮絶な光景に触れる中で、彼はある不思議な事実に気づき始め、紙の端切れでメモをとるようになっていきました。過労や病で真っ先に死ぬのは、必ずしも最も体が弱い人ではなかったのです。希望と生きる目的を見失い、置かれている状況を精神面で処理できない人こそ早く衰弱し、死んでいきました。一体何が生き残った人たちの拠《よ》り所となっていたのか？　フランクルが解放された翌年に出版した『夜と霧』では、彼は次のように結論づけていました。

厳しい中でも、生きる目的【ミーニング＝自分を超えたパーパス】を見いだし、より明るい未来を想像できる人は強靭《きょうじん》で、長く生き残る傾向にあった。反対に、生きる目的を見失い、よりよい明日をイメージできない人は、過酷な労働と収容所での生活に耐えかね、先に命を落としていった、と。

そして――これこそが、この第1部の最も大切な認識の1つになりますが――フランクルは、その苦しい経験の中から、精神性に関する一種の悟りに近い示唆を得ました。これを深く認識し生きるだけで、人生が大きく変わる可能性があると思います。

収容所で暮らしていた私たちは、バラックからバラックへと回り、他の囚人に自分の少ないパンを分け与え、慰めていた人がいたことを記憶しています。数としては多くありませんでしたが、彼らは、人間から1つだけ奪うことができない権利があることを示してくれた、証しのような存在でした。人間が持つ最後の自由、それはどのような状況に追い込まれても、自分の道（自分の対応）を選択する自由があるということを、彼らは教えてくれていました。

（中略）

囚人がどのような人間になったかは、収容所の影響によるものだけでなく、個々人の内面での決心の結果でした。基本的に、どの人であれ、たとえこのような状況に置かれても、精神面でどうなりたいかを自ら決めることができるのです[*1]。

「自分の心の持ちようや、起きたことに対する反応を選択する自由」――これこそが私たちに与えられている最強の力であり、誰も奪うことができない自由です。フランクルのこの言葉に触発され、後に、次のようなパワフルなワンフレーズにまとめてくれた人がいます。

刺激と反応の間には、空間があります。
この空間においてこそ、私たちの自由と反応を選択する力があります。
そして、その反応によって、私たちの成長と幸せが変わっていきます[*2]。

ぜひ、何度も読み直していただきたい一文です。図1-1のように簡単に図表化するとわかりやすくなると思います。

ところで、読者も、図1-2のような人に触れることはありませんか？

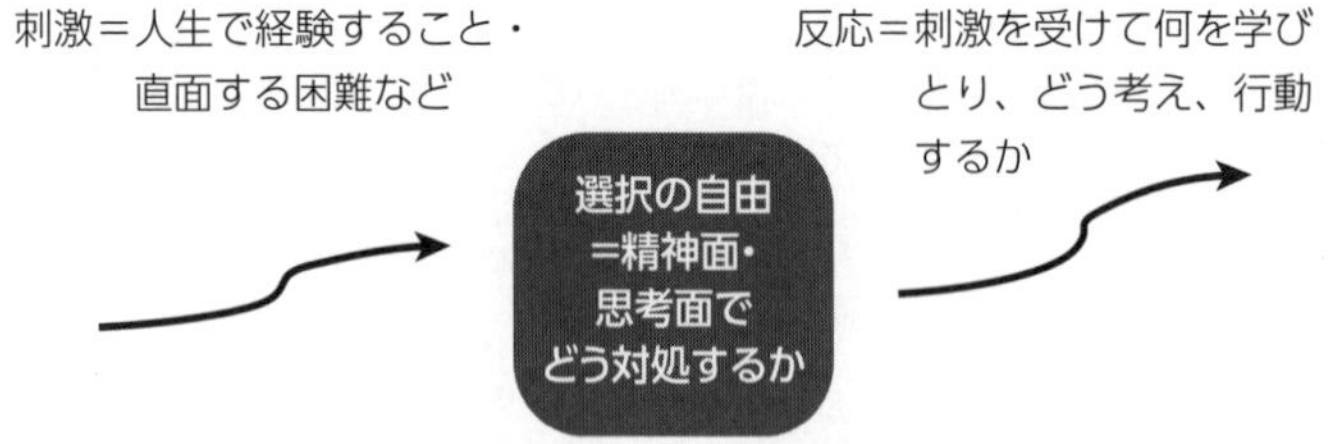
刺激＝人生で経験すること・
直面する困難など
反応＝刺激を受けて何を学びとり、どう考え、行動するか
選択の自由
＝精神面・
思考面で
どう対処するか

図1-1　刺激と反応の間の「空間」

つまり、刺激と反応の間にせっかく存在する「選択と自由の空間」を認識しない人です。結婚生活でも、会社の中であっても、必ずこのタイプの人に会うことがあると思います。もしかすると、読者自身がそうなってしまっているときもあるかもしれません。昔のＬＰレコードに傷が刻まれ、同じ音節が何度も流れるような鬱陶《うっとう》しいワンパターン人間を意味しています。成長は見られませんし、多くの場合、被害者意識たっぷりで生きています。自分として生きる責任も引き受けようとしません。

＊

ところで、その後のヴィクトール・フランクルはどうなったと思いますか？

彼は、解放された後、ふるさとのウィーンに戻りましたが、オーストラリアまで逃げられた姉のステラさん以外、ほぼすべての家族を失い、底なしの孤独と失望感にさいなまれていました。それでも翌年の１９４６年に、自分の経験を他者に伝えるべく、たった９日間で『心理学者が収容所で経験したこと』と題する本の原稿をまとめました。

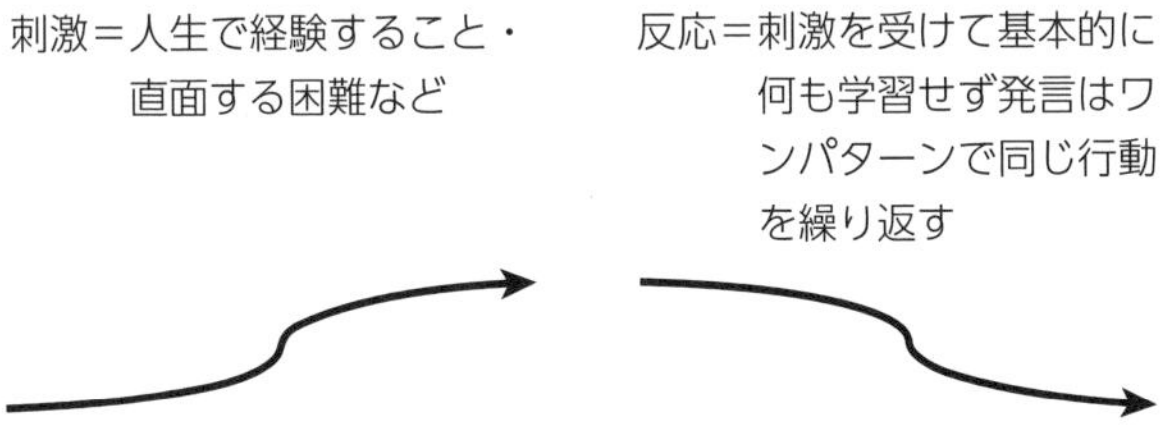
刺激＝人生で経験すること・
直面する困難など
反応＝刺激を受けて基本的に
何も学習せず発言はワ
ンパターンで同じ行動
を繰り返す

図 1-2　刺激と反応の間の「空間」が活かされない

最初は匿名で静かに発表しましたが、友人らに説得され、出版社も見つかり、後に実名で*Man's Search for Meaning*（人間の生きる目的を追い求める探求）として出版しました（邦訳は『夜と霧』）。この本は、50カ国語以上に翻訳され、出版史上最も売れている上位100冊の本に含まれています。世界各地の多くの人々に生きる勇気と、精神を律するための拠り所を与えています。

1947年に、フランクルは再婚し、その後独自の精神治療法ロゴセラピーを体系化し、1997年、92歳という高齢で他界するまで活躍を続けていました。

彼の人生から、私たちは少なくとも4つの大きな教訓を刈り取ることができますし、それらは第1部のメッセージと深く関係するものばかりです。

1つ目は、人間が自分を超えた「意義やパーパス」（「家族のため」というものでもよい）を持ったときこそ、大きな困難にも耐えられるということ。

2つ目は、刺激と反応の間の「空間」を認識し、自分の反応を選択する人のみが成長できること。

3つ目は、「よりよい明日」を想像し、それに向かって生きられる人の強靭性や心のレジリエンスが大きく向上すること。

そして最後は、彼の人生そのものからの教訓です。家族のほぼ全員が殺され、自分も劣悪な収容所で3年過ごしたにもかかわらず、「他者のために」立ち上がり、奮起し、世界に大きな貢献を残しました。彼が置かれた境遇と比べると、日々、私たちがこの日本で直面する「困難」も、かなり小さく見えてくるのではないでしょうか。

第２章

文化、通説、カルチャースケープに支配されない自分を築く

私の日本の親しい親戚は若くして自死し、この世を去りました。40年以上前、高校留学で初来日した私は、日本の家庭で2年以上過ごし、血縁ではないものの、多くの新しい「親戚」に恵まれました。自殺した彼は貪欲な読書家であり、常にユニークな発想を持っていて、話をするのが楽しい人でした。しかし、日本文化および日本社会に潜む通説、自分への期待、演じなければならない役割などと折り合いをつけることができず、彼は死を選びました。つまり、日本社会の「刺激」（プレッシャー）と、自分の「反応」の間にある「選択と自由」のスペースをうまく広げ、自分の好きな生き方を見つけることができませんでした。私は少なくともこのように、彼の死を振り返っています。

自己啓発のオンラインプラットフォームを運営するマインドバレー社の創立者ヴィシェン・ラキアニは、次のように指摘しています。自然の「ランドスケープ」があるのと同じように、文化が織りなす「カルチャースケープ」も存在している、と*3。私たちは、特に育った母国においては、この「カルチャースケープ」を疑うことなく、あるいはそこに織り込まれているさまざまな価値観や行動ルールに抗《あらが》うことなく生きています。そして、そのカルチャースケープ維持のため、実にくだらないルール、掟《おきて》、無言の圧力も存在します（ラキアニ社長は、このようなものを「ブルシット・ルール」、略

して「ブルール」と名づけています）。

当然、文化が与えてくれる共通の枠組みやアイデンティティは重要です。しかし、特に日本のように社会規範がきつめの「タイトカルチャー」の場合、注意しなければ窮屈な生き方を強いられることがあります。タイトカルチャーの特徴は第5章で詳しく紹介しますが、例えばパンデミックの対応において顕著に現れます。法律や罰金がなくても、日本人の99％はマスクをし、それによって確かに感染率や死亡率も押さえられます。アメリカや多くの欧米諸国のような「ルースカルチャー」（社会規範がそこまで個人の行動を規定しない文化）では、「罰金」がなければ、みんな好き勝手に振る舞い、マスクもなかなか着用しません。

いくつかの価値観や社会規範が束ねられると、文化人類学でいう「文化モデル」ができあがっていきます。例えば、「結婚はこうあるべし」「ちゃんとした仕事とはこのような職業や働き方」「先輩と後輩の関係はこうでなければならない」など、日本社会には、実に多くの「文化モデル」があり、今も個人の行動を規定しています。

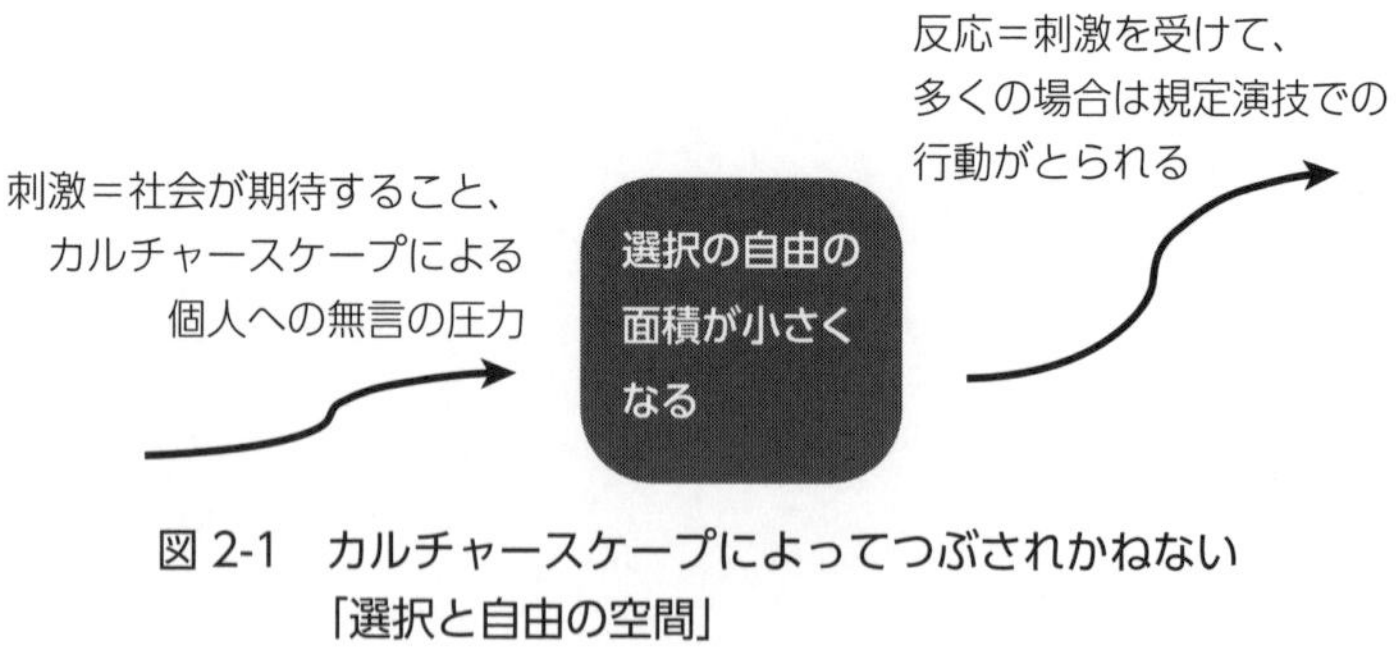

図 2-1　カルチャースケープによってつぶされかねない「選択と自由の空間」

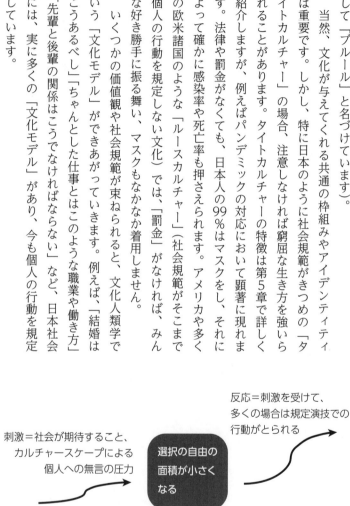

カルチャースケープが個人に対して与える刺激やプレッシャーは、ややもすると「選択と自由の空間」の面積を縮め、規定演技としての「反応」を促していきます。これは、学校でも、会社や行政組織でもしょっちゅう見られる光景です。おそらく読者も経験されているのではないでしょうか？

何も、日本社会や文化が悪いといっているのではありません。どの国においても「カルチャースケープ」は存在しますし、なくては社会が体を成すこともできません。ポイントは別のところにあります。自らの人生をリードし、個人として望む日常や未来を築くためには、受け入れるものと受け入れたくないものを、自らの意志に基づいて取捨選択する必要があります。そうでもしない限り、「リーダーシップ」を発揮することはできませんし、充実した幸せな人生を送ることも難しくなります。

ただ、日本のように規範がタイトな文化では、カルチャースケープの中で取捨選択をするのは、かなりの勇気が要ります。周囲からの同調圧力、親、上司、先輩などの期待が、肩に重くのしかかる場合があります。しかし、そこで諦めて、自己責任に基づく取捨選択、自分なりの「ライフスケープ」を構築しない人は、そこまでの人生で終わってしまいます。規定演技の中で、日常生活をそつなく送り、そこそこの満足や幸せを得る人もいるでしょうし、それ自体にケチをつけるつもりはありません。しかし、私はもったいないと思いますし、リーダーらしい生き方ではありません。日本に30年以上暮らして思うことは「なぜ、これほど多くの人が自分の人生ではなく、誰かが定めたスペックの人生を演じているのだろうか」、と。一度きりの人生を既設レールの上で送るのは、いかがなものかと思ってしまいます。

ヴィクトール・フランクルが気づいたように、収容所の状況によって囚人の行動が決まるのではありません。どのような状況に置かれようと、内面での決心と自分の軸に沿って、生き方を選択することができます。その選択のための自分なりの礎をどう見つけるか、あるいはどのようにして必要な勇気を引き出せるかは、第1部の残りの章で追求していきます。

第３章

成長と自由の間の「空間」を活かすために

期待されている会社のエースが重要な仕事を大量に任されたとしましょう。「できる人」のところには、このように次々と仕事が舞い込んでくるものです。よくあることですよね。私がベンチャー企業を経営していく中でも、このようなシチュエーションをたびたび目の当たりにしました。不当な圧力、長時間労働の強制、パワハラなどは論外として、通常の仕事のハイプレッシャーに直面したとき、私の経験からいうと、人の進む道はだいたい３つに分類されます（図３－１）。

人によって、その個人史の中で築かれた精神的な強靭性が大きく異なりますし、幼少期の体験も非常に大きく影響します。それによって、精神的なアドバンテージを有する人と、残念ながらハンディを抱えながら生きている人がいるのは事実です。しかし、スタートラインがどこにあるかにかかわらず、少なくとも図でいう「パターン③」に陥らないように、何ができるかを考え、実践することに意味があると思います。言い換えれば、受ける「刺激」と行動を通じて起こす「反応」の間の空間を、どのようにして有効に活用し、遭遇する難題を耐え難い「ストレス」にではなく、次の自分への「成長の機会」につなげることができるか。

そこで、私たちが「何によって学び、行動を変えられるか」について考えてみたいと思います。「経験から学べ！」とよくいわれますが、実は、私たちは経験から学ぶのではありません。その経験に対する内省や省察を経て、初めて次に活かせる「何か」を習得することができます。これは、組織心理学などにおける「経験学習」モデルの一般的な考えです。しかし、これを私たちは日常の中でどこまで活かせているのでしょうか。刺激と反応の間に「空間」があるだけでなく、「一度立ち止まって、起きたこと、受けた刺激をきちんと振り返り、次の自分の行動を設計していく」ことも可能です。

　読者は、どこまで自分の次なる行動を、内省や省察を踏まえデザインしていますか。カルチャースケープによる、私たちに対する思考と行動のプログラミングはかなり強力なもので、さまざまなシチュエーションの中で勝手に起動するものです。経験の内省や省察、そして行動の取捨選択を意識的に行うことによって、時間はかかるにせよ、少しずつその「文化によるプログラミング」の一部を入れ替えることができます。

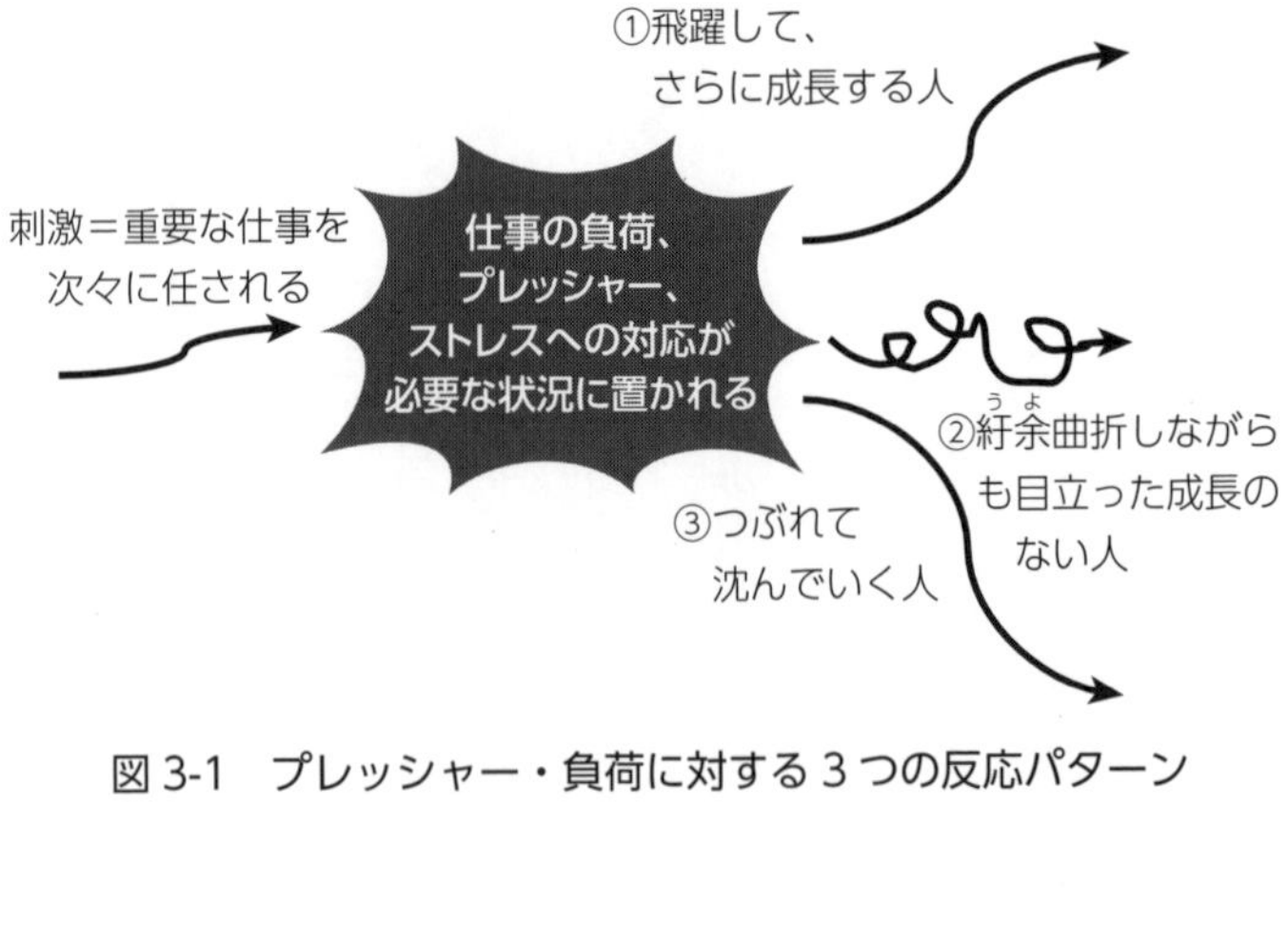

図 3-1　プレッシャー・負荷に対する 3 つの反応パターン

精神疾患の治療や心理カウンセリングで広く使われてきたごくシンプルな「ＡＢＣモデル」（図３-２）を活用すれば、成長と自由の空間を広げ、立ち止まったときの内省力、それを踏まえた学習能力を高めることができます。このＡＢＣモデルは、認知行動療法の一環として使われ、アメリカの精神セラピスト アルバート・エリスさんによって考案されたものです。何も難しいことはなく、個人としてもいつでも活用できる簡単なモデルです。

精神的に病む多くの人は、図３-２の「Ｂ」のステージにおける内省と思考改革がないため、行動変容が見られません。そのため、同じような思考に陥り、同じような行動ばかりを繰り返していきます。実は「精神疾患者」でなくても、私たちの多くはこのような癖を持っています。読者にぜひおすすめしたいのは、失敗したとき、困難が極まったとき、自分がうまく対応できなかった過去の出来事を、このＡ→Ｂ→Ｃで具体的に書き出してみることです。特に、「Ｂ」の段階で、何を変えればよりうまく対応ができたかを検証してみてください。言語化することで、自分の思考と行動の在り方を明らかにできると同時に、新しい行動パターンを見つける入口になります。これは、

A=Activating Event	起きた出来事
B=Belief	認知の仕方 (それをどう捉え、思考⇒行動に結びつけたか)
C=Consequence	生まれた結果

図 3-2　ABC モデル

仕事においてのみならず、例えば行き詰まった夫婦関係でも有効に使える方法論の1つです。

「人は、経験によって学ぶのでなく、経験（そして、特に失敗体験）に対する省察によって学ぶのです」――この一フレーズを、私たちは肝に銘じて、そして「なんとか、ぼやっと」ではなく、書き出すことで可視化し、行動強化への手立てを組み立てていけるようになります。こうすれば、失敗は学習材料として実際に生きてきます。失敗は、省察とそれを踏まえた行動変容を諦めた瞬間にしか起きません。それまでは、すべて自分を磨き、自分を強くするための学習のステップに過ぎないのです。失敗は成長のための贈り物、自分に「知恵」のようなものを身につける唯一の方法といっても過言ではありません。

私自身も、序章で触れたように多くの苦しい経験や、失敗体験を持っています。プライベート面でも十二分の困難を経験しています。人生のすべてがばら色で困難が訪れない人など、この世に存在しません。すでに起きたことを変えることはできません。変えられるのは、「B」のステージ、つまり、経験した出来事をどう認知的に処理し、そこからどのような学びを引き出して、次の行動をとるかです。ぜひ一度、本章を終える前に、過去の失敗経験、恥ずかしかった出来事、避けたかった喧嘩《けんか》などを書き出して、いくつかのシチュエーションの「B」をいかに変えられたかを検証してみてください。

ただし、これだけで私たちの無意識に刻み込まれたプログラミングを十分に変えることはできません。そのため、第6章以降では、具体的に心を強くし、プログラミングをリライトするためのテクニックを紹介します。

自由と選択の空間を発見して、活かすことは、内面を律するためだけでなく、組織・社会・文化とどう付き合うかにおいても極めて大切です。

ここに、自らの内面、心、魂をリードして生きることとの、最も根本的で重要な出発点があると思います。逆にいえば、これができなければ、あるいはしようとしなければ、どんなリーダーシップのノウハウ本を学んでも、小手先で表層的な理解に終わるでしょう。

本章で書いている一見当たり前の事実は、受身形で生きる自分、被害者としての自分との別れを告げることにもつながります。これまでの思考と行動パターンを深く変えることは、多少の勇気といくぶんの不快さを伴うかもし

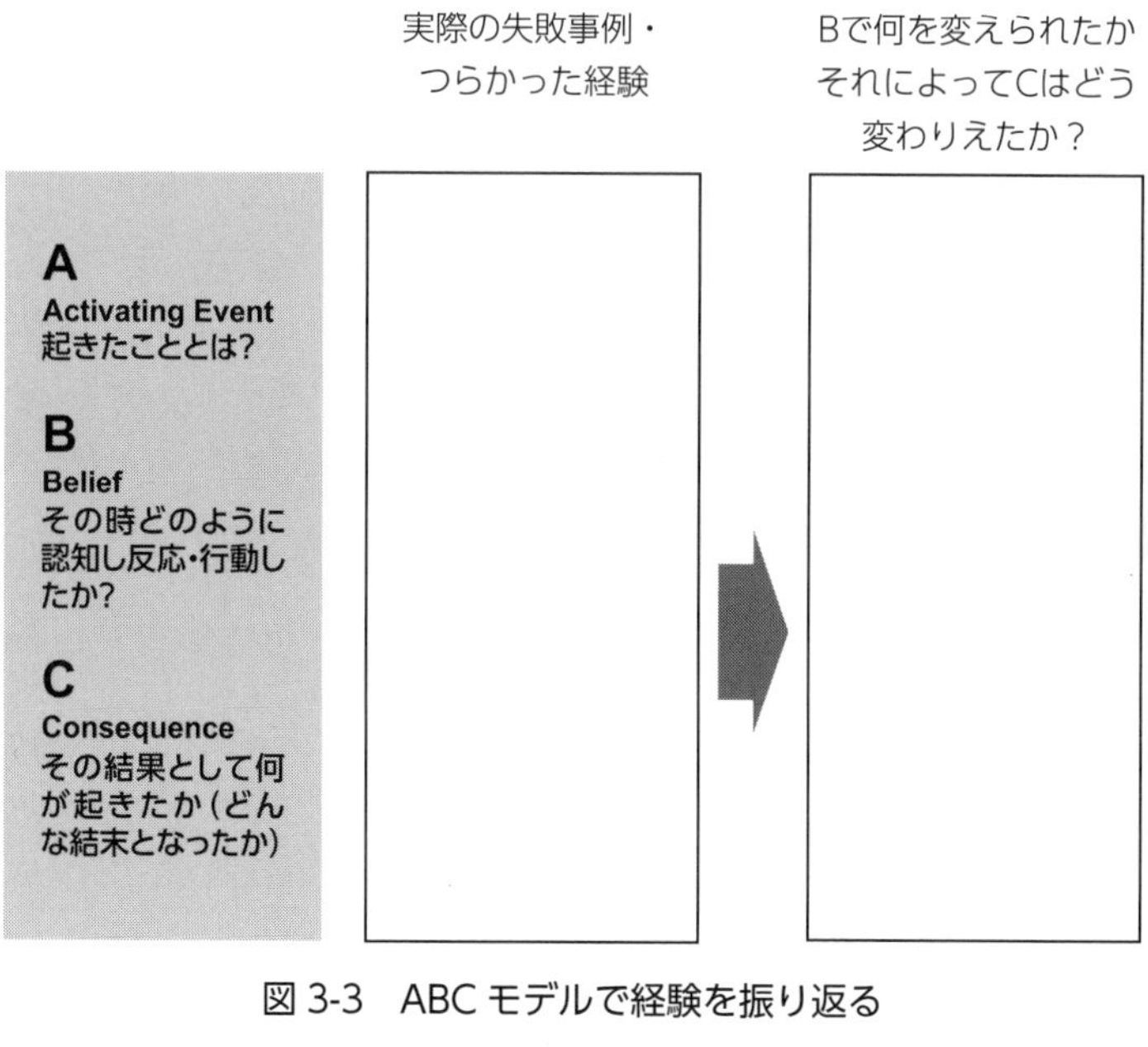

図 3-3　ABC モデルで経験を振り返る

れませんが、第４章以降では、まず内面や思考を強化するための土台づくりに焦点を当てたいと思います。

第４章

体幹を鍛えるように、心幹《しんかん》も鍛えられる

体幹トレーニング。日本でも、２０００年を過ぎて徐々に流行し始め、ピラティスなどがその代表的なエクササイズとして一世を風靡《ふうび》しました。本来、体幹を整えるのは何も胴体の筋肉を「強く」することが目的ではなく、アンバランスになってしまった筋肉の「バランスを取り戻す」のが、そもそもの出発点です。姿勢を直し、体の痛みを取り除くリハビリの一環として、「体のコア＝体幹」が注目されるようになりました。直観的に考えて、体の中心部分を鍛えることでしなやかさと安定感が増し、健康によさそうだというのは、多くの人が納得することではないでしょうか。それがおそらくこの体幹トレーニングが流行《はや》った原因の1つだろうと思います。

心幹トレーニング。この言葉も手法もまだ存在しないと思いますが、私は、体幹と同じように、心の幹＝心幹も整えることが可能だと思うに至りました。そして、これによってこそ「他の誰かが定めた生き方」ではなく、自分が選択するライフスケープを少しずつ思い描いていけるようになります。

ただ、ここで早速1つの大きな課題に直面します。

体幹トレーニングのように筋肉の変化が実際に観察できるのと違って、心幹を整えようとしても、なかなかその結果を目で確認することができません。3週間程度のフィットネスジムでのハードなト

レーニングから見えてくるような確かな変化も、心になると実現できません。時間と忍耐力が必要になります。それでも、以下に紹介する手法を通じて、確実に心幹をより太くてしなやかな状態に変えていくことができます。半年、いや、年の単位がかかるかもしれませんが、継続的に取り組めば、その違いを徐々に感じ取ることができるようになります。

興味深いことに、リハビリや痛み解消のために体幹（コア）の重要性を最初に提唱したチェコのウラジミール・ヤンダ博士は、脳科学者でもあり、筋肉のバランスを取り戻すことによってもたらされる自律神経へのよい影響に着目していました[*4]。本人は、難病であるポリオを患い、その回復を目指していく中で、筋肉、骨格、そして神経系の関係性に着目するようになっていきました。神経系の魅力と神秘については第2部で取り上げますが、「肉体」と「精神」を接続する重要な役割を担っていることは、いうまでもありません。神経系を通じた肉体と精神の間のやりとり

体幹 (core of the body)	**心幹** (core of the soul/mental core)
一般的には、首と頭、腕、足を除いた胴体の部分を指す。 その中で、特に筋肉の健全な強さとバランスを取り戻し、維持することが体幹トレーニングの焦点となっている。	しなやかで強い精神性、内面、健全で強靱な心を指す。 自ら内面を整えることで、心の乱れ、恐怖心、無力感をなくし、精神性を高め、主体的に生きる礎となる。

図 4-1　体幹 vs. 心幹

が常に双方向であることもわかっています。つまり、体を健全に整えると精神も安定するのと同時に、心幹を太くすると肉体の健康も改善していきます。

ここからは、私が実際に過去20年弱にわたり実践したことを中心に、心幹を太くするためのアプローチを紹介します。その中で取り上げる方法論が唯一正しいというつもりはありません。しかし、楽しく（完璧主義に陥ることなく）、自分のちょっとした変化を観察しながら実践することで、内面を強くし、心のアンバランスを補正し、本来目指したい生き方に近づけると思います。

次の章から順に３つの観点から心幹を鍛える具体的な方法論に焦点を当てていきます。ご自身の経験と照らし合わせて、必要に応じた改変を加えながら取り組んでみてください。内面は「考え込んで悩む」ことでは、決して強くなりません。「動いてみること、行動すること」によってのみ、心幹は整えられていくのです。

１つ目のアプローチは、行動や物事の判断の拠り所として、あえて自分が大切にしたい「価値観」を棚卸し、明文化することです。これは、第1章から第3章で紹介した「選択と自由の空間」が、私たちを取り巻く文化（カルチャースケープ）、社会、組織、他者によって押しつぶされないためにも、極めて大切な作業だといえます。この、通常あまり形式知化しない「価値観」は、私たちの脳の中でも、社会においても大きな役割を果たしています。それについては、もう少し後で詳しく触れます。

２つ目は、人生の「アンカー」（碇《いかり》）、言い換えれば個人憲法をつくるアプローチです。これをつくり上げていく一環として、仕事などを通じてこの一生で何を実現したいかという、自分を超えた使命や「マイパーパス」を考えていきます。日常生活や仕事に翻弄《ほんろう》される中で、このような深い内省や言語化を行う時間は十分に確保できていないのではないでしょうか。せいぜい新年の抱負を立てる程度で、それらの大半も三日坊主で終わってしまいます。

3つ目として、内面と心——大きく捉えれば自分の魂——を前向きな方向に較正ないし補正するための、シンプルだがパワフルなテクニックをいくつか紹介します。どれもすべて私が苦しい経験をした中で試したものばかりですが、何より、日常生活に簡単に組み込んで、誰もが実践できるテクニックであることがポイントです。

最初に、脳と社会をつなぐ興味深い存在である「価値観」を解剖することから始めてみたいと思います。

第５章

価値観という、脳と文化の見えざる屋台骨

私は、16歳までデンマークで暮らし、当然デンマーク文化の価値観を生活する中でごく自然に「ダウンロード」し、「インストール」しました。特に疑うこともありませんでしたが、その中で、最も大切なコア・バリュー（中核的な価値観）は、おそらく次のようなものになるでしょう。調査したわけではありませんが、８割以上のデンマーク人は、これが「コア・バリュー」であることに同意してくれると思います。

・平等

性別や立場に関係なく全員基本平等であり、組織の中でも、できるだけフラットに扱うべき（日本人からすると階層間の会話も驚くほどフラットなのがデンマークです）。

・自由と共同体

社会（共同体）が、いざというときに個人を受け止めるからこそ、個人は自由に振る舞うことができます。人生は束縛されることなく自由に送るものであるべき。

・違いの許容
お互いの自由を認め合うためには、違いを許容します。「あなたはあなた、私は私」というドライな割り切りともいえます。親子の間でさえ、かなりドライなときがあります。

・ストレート
歯に衣着せぬ発言をします。悪くいえばあまり思いやりがないともいえます。自由と違いの許容から生まれる価値観でもあるかもしれません。

・リベラル
性の自由な表現を認め、社会に支配されず、「男」と「女」など決まった役割の型にはめられない多様な社会が望ましい。

多くのデンマーク人がダウンロードし、日常生活における物事の判断基準や思考の拠り所にしている、ごく当たり前の価値観といえると思います。
そこで、私はひょんなことから高校留学の経験を経て、人生の大半（執筆時では計34年）を極東の国ニッポンで送るようになり、大きく異なる価値観のセットに遭遇することになりました。私から見る、日本のごく当たり前のコア・バリューを同じく5つほど挙げると、こんな感じになります。

・わきまえこそ美徳
立場などをわきまえて発言し、行動することが美しい。この価値観は、自由に勝る場合が多い。

・まじめさと自己犠牲
どこまでもじっと耐えて頑張ることが素晴らしい。己より全体の成功を重んじます。

・安定と秩序
自身の主張や立場より、全体の調和を重視すべき。継続性と調和が理想。

・内と外のけじめ
違いを許容するためには、まず線引きをして「内」の者と、「外」の者とを区別します。日本文化全体に、この内と外の違いや線引きが見られます。

・社会的な保守性
自由気ままにというより、社会の目を気にし、社会規範を重んじ、先輩に敬意を払い、既存の枠を究めた場合にのみ革新性が許されます。

ここで挙げているデンマークと日本の価値観の違いは、善しあしの話ではありません。文化の違いであり、甲乙をつけるようなものではありませんが、かなり異なる価値観に基づいて社会が維持され、個々人の行動が方向づけられることは間違いありません。私は、この違いと対峙したことによって、自分が当たり前と思っていた価値観を確認することができましたし、日本文化の中で素晴らしいと思った価値観も、それなりの選択眼をもって取り入れることができていると思います。「あなたは日本人より日本的」と言われてしまうときも多々あります。しかし、本格的な異文化体験などを通じて「違いと対峙する」ことが少ない場合は、先代や先輩、文化、社会、親から受け継ぐ価値観を深く問うことなくダウンロードし、その「基本ソフト」に基づいて日々思考し、行動しがちです。

「だからどうした？ それの何が悪いのか」と思われるかもしれません。悪いことはありませんが、本書では心幹を太くすること、すなわち自分の軸をきちんと据え、内面を律し、周囲に流されて生きていくことと決別しようと提案しています。本書が提唱する「道場」の最初の場における「リーダーシップ」の大切な一面です。しかし、実に多くの人は、自分の内面の操縦を知らず知らずのうちに社会や他者に委ねてしまっています（その中には、とっくにあの世に逝かれた歴史上の「先輩たち」も含まれることがあります）。心のコントロールを取り戻すには、まず「価値観」という存在を理解し、自らが大切にしたい価値観を明らかにする必要があります。

脳と社会における「価値観」

脳と社会の両方において、価値観は生きる上での屋台骨の1つになっています。

私たちの脳、体、神経系は、価値観となんら関係のない生命維持機能も持っていますし、無条件反射という肉体と神経系に由来し、文化や社会とほぼ無関係の反射行動を多数起こしています。

しかし、太古の昔、人類が次第により大きくて複雑な集団で暮らすようになるにつれて、個々人が集団や共同体からダウンロードし、脳にインストールするコア・バリューの重要性が増していきました。仲間たちの価値観と自分の価値観を可能な限り一致させることによって、お互いを同志と認め合い、今流でいうと心理的安全が生まれます。現代社会において、脳は遭遇するさまざまな出来事に対する判断を瞬時に行うため、インストールされた「コア・バリュー」なくして、正常に機能することができません。このことは、近年、脳科学でも幅広く研究されています。脳がスピーディーな判断を下すために活用するこの「コア・バリュー」は、上記でも触れたように第一に自分の親や社会から受け継いできたものです。しかし、当然、個人の経験を経て、意識的にアップデートすることも不可能ではありません。その第一歩として、明らかにすることが必要不可欠です。

次に、社会と価値観の関係性に視点を移してみます。

同じ社会で多くの人が共有する「価値観」によって、その国や集団の「文化」がつくられます。価値観は、文化の見えざるビルディング・ブロックの1つなのです。多くの人が共有するこのような「ブロック」が存在しなければ、同じ目的に向かって、一定の協力関係を維持して進む社会は実現できません。組織のカルチャーを例に、よく使われる「氷山モデル」で確認しましょう（図5-1）。

いくつかの価値観を束ねると「社会規範」となり、さらに、社会規範が明確に個々人の「あるべき行動」を規定するのが、前にも触れた「文化モデル」です。

これは、当たり前といえばそこまでですが、実は、この「共有された価値観=文化」がどのようにつくられ、維持され、あるいは変化するかを、私たちは（社会学者でない限り）ほとんど考えることがないと思います。日本文化のみならず、企業文化も同じようなプロセスを経てできていきます。その価値観誕生と変容の過程を見てから、次の章では、読者自

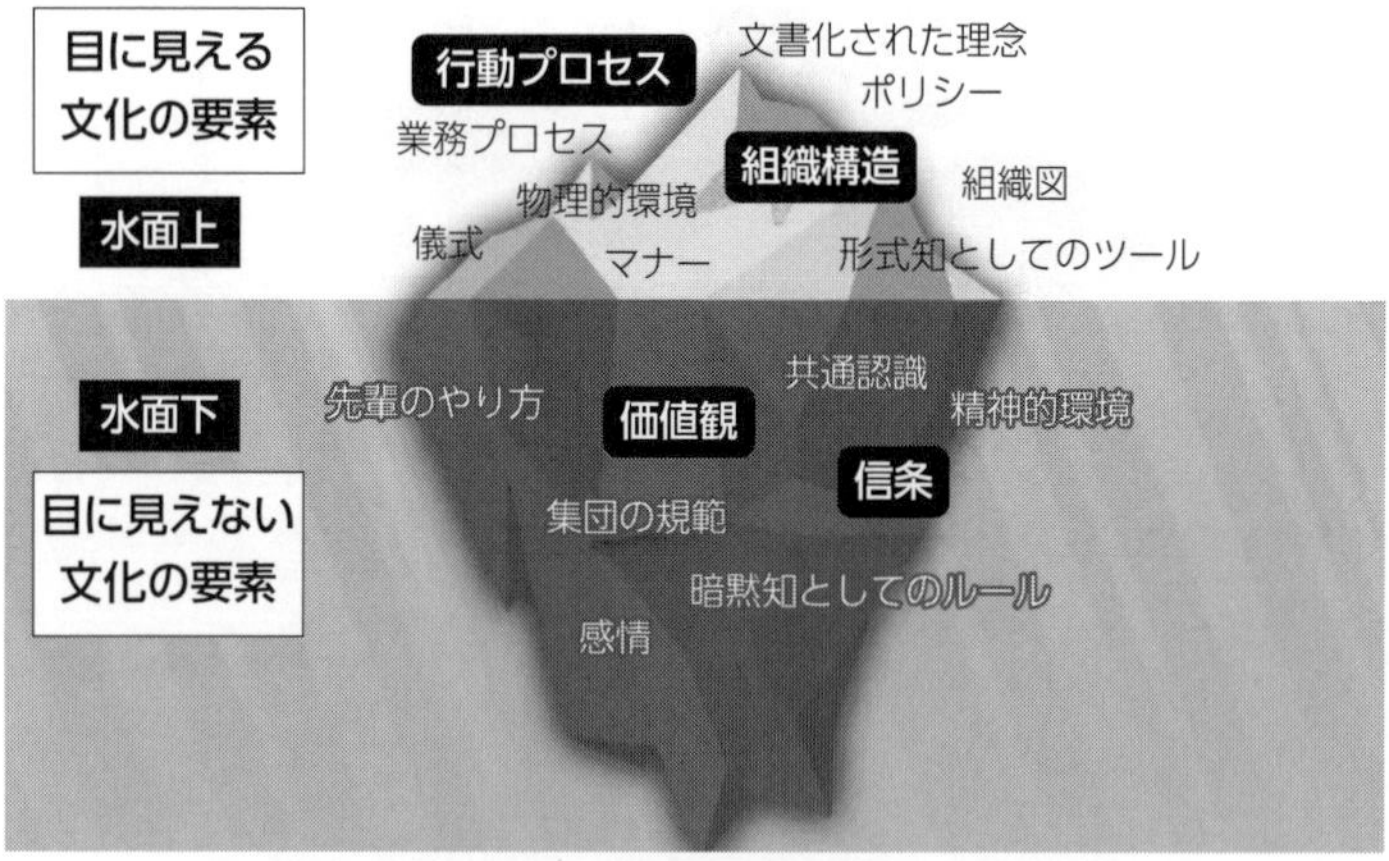

図5-1　価値観と文化の氷山モデル（組織文化）

身の価値観コンパスなるものをつくっていただきたいと思います。

価値観が生まれ、変化するプロセス

私は大学で文化人類学を専攻しました。30年以上前の話になりますが、今でも自分と他者や他の国・文化を深く理解するための素敵な学問だと思っています。

ただし、学生の私には1つだけ不満がありました。当時、「文化」がどのようにつくられ、維持・変更されるかを説明できる、納得のいく「モデル」がなかったことです。先代や先輩のことを基本気にしないデンマーク人の若造だったからか、私は自分でそのようなモデルをつくることにしました。

あくまで「モデル」であり、地図が実際の街並みや景色を完璧に描写できないのと同様に、単純化された概念図になることをお許しいただきたいと思います。しかし、次に説明するこのモデルから、例えば、日本の多くの行政組織や大手企業で、何ゆえに保守的な組織文化が蔓延《まんえん》し、リスクテイクがしにくく、ややどんよりしたカルチャーになってしまうかを、わかりやすく説明できると思います。まず、図5-2を見てください。

共有された価値観、言い換えればその社会や組織の文化は、外なる世界や社会・組織の規範（図5-2上の丸）と、内なる世界や個人の経験・思い（図5-2下の丸）の相互作用によってつくられます。1つの具体例で考えてみましょう。日本に生まれ落ちた赤ちゃんは、まね、学習、習慣づけなどを通じて、生活様式や日本文化の主な価値観を内在化＝インストールしていきます。その子どもが置かれた環境、親の考え、生きていく中で経験することによって、徐々に個人としてのマイワールドや、独自の思考と行動様式も生まれていきます。そして、常に個人としても全体に対して発言や行動を通じて外在化し、影響を与えていきます。

　この過程の中で、価値観がつくられ、維持されたり、場合によっては変更も加えられたりします。シンプルなモデルですが、ここまでは世界共通であり、日本文化やデンマーク文化だけでなく、例えば東京丸の内の大手企業でも、地方の老舗企業でも、基本的に同じプロセスなのです。

　次に、日本のような社会規範がきつめの「タイトカルチャー」を考えてみましょう。

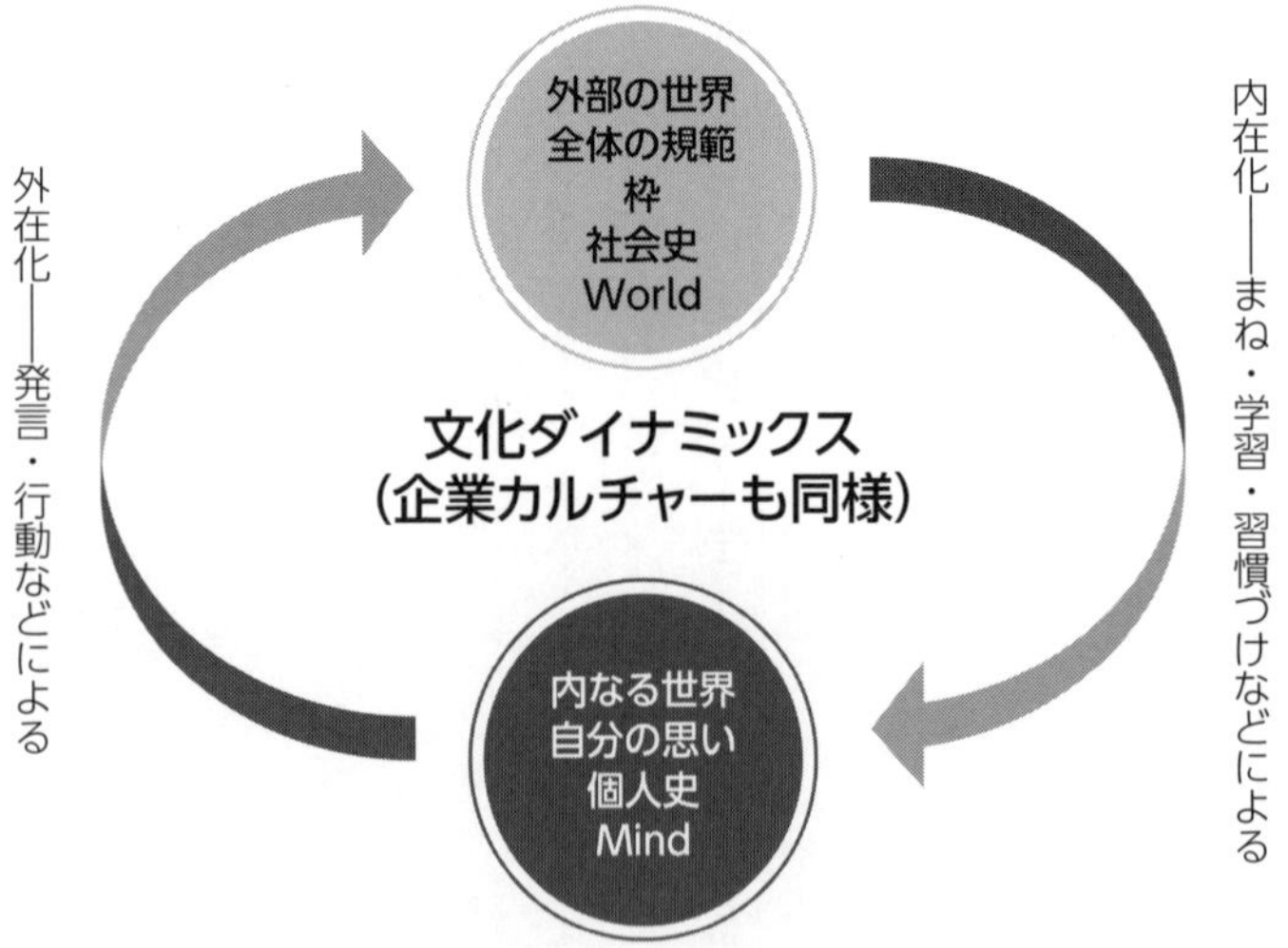

図 5-2　文化（企業文化含む）の生成・変容モデル

このような国は、常に「分脈」がものをいいます。「あうんの呼吸」を理解し、「空気を読む」ことなどが期待されるという、時にはやっかいなものです。そのため、「ハイ・コンテキスト（文脈が重視される）」の文化でもあるといわれています。アジアでは韓国やシンガポール、中東ではほとんどの国々、欧州では、例えばオーストリアやスイスがこのような特徴を示しています。分脈がものをいうタイトカルチャーにおいて、図５-２のモデルは果たしてどのように変わるのでしょうか。

図５-３を見ると、全体の枠や社会規範の丸が大きく、内在化の矢が太いことがわかります。個の特徴や主張より、全体の調和、枠の維持、社会や組織の規範が優先され、そして何より素直に、先輩たちから学

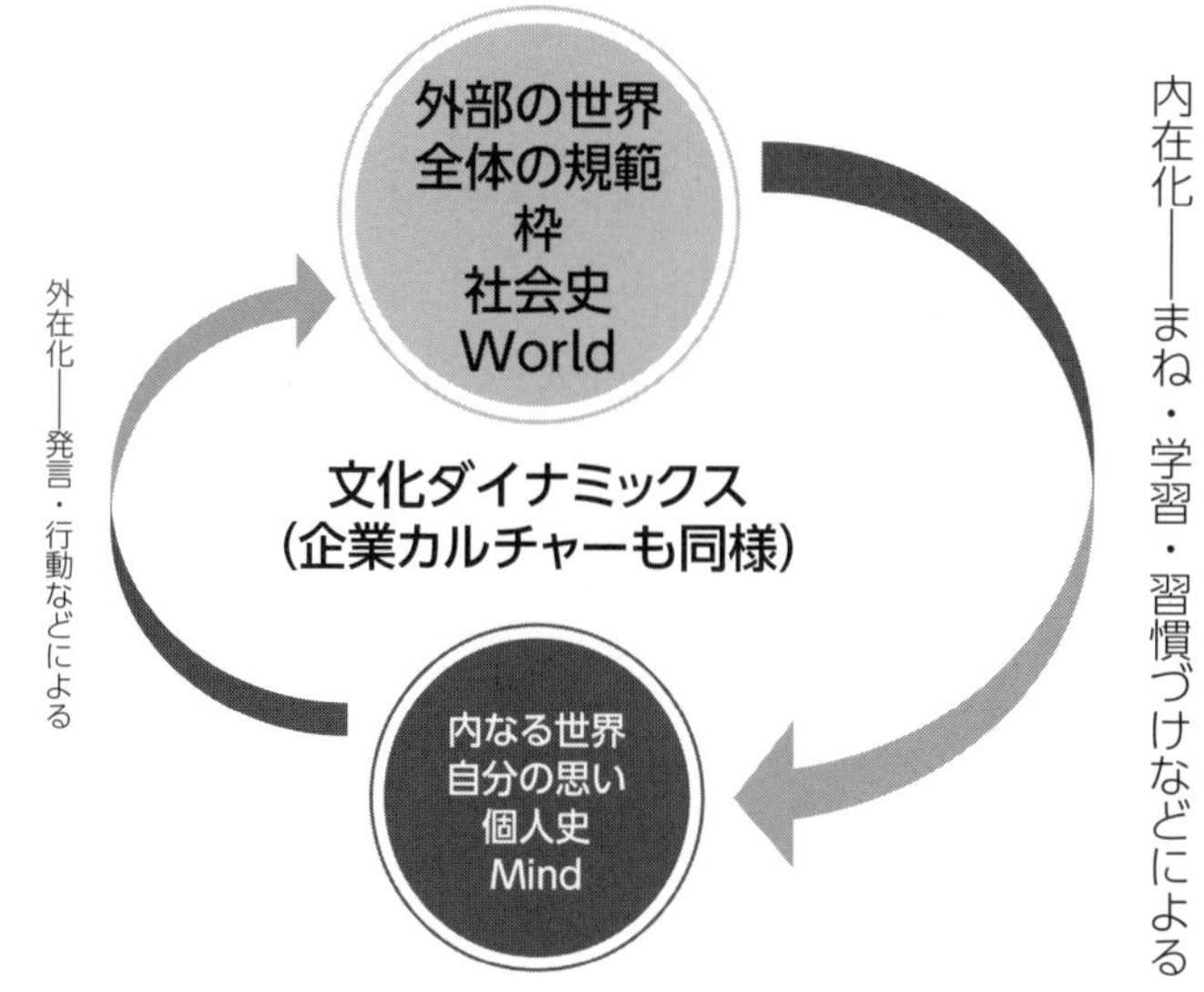

図 5-3　タイトカルチャーにおける価値観生成モデル

んで、内在化することが期待されます。「個」を主張し過ぎると軋轢《あつれき》が生まれますし、外在化をしていく中で「みんなと同じように」することが、それこそ幼稚園から促されています。できるだけ全体の「和」を乱すことのない発言と行動が美徳とされています。近年、日本でも少しは緩んできていますが、まだまだ効力を発揮する全体と個、内在化と外在化の関係性です。

このような社会や企業は継続性と規律に長《た》けていて、安定と秩序が生まれやすいです。そして、面白いことに「道」や「型」がものをいう文化でもあります。日本に武士道、茶道、華道、柔道など、「道」が多いのは、決して偶然ではありません。「イノベーション」が許されるのは、基本、その道や型をきちんと習得し、マスターした人のみである場合も少なくないのです。

一方で、欧米諸国とラテンアメリカの国々の多く、アフリカの一部の国で見られる「ルースカルチャー」、あるいは分脈がそれほどものをいわない「ローコンテキストカルチャー」だと、このモデルはどう変わるのでしょうか。

図5-4を見ると一目瞭然ですね。個の丸が大きく、外在化の矢が太くなっています。常に個人としての視点を求められます。「あなたはこれについてどう考える?」と、デンマークの小学校の授業ではよく聞かれましたし、個が集団の中でおぼれないように、一定以上の自己主張とオリジナリティーが期待されます。同時に、たとえ新入社員や、デンマークだとインターンであっても、初日から組織全体へのなんらかの主体的な貢献が期待されます。このような文化の場合、多様性を活かし、イノベーションを起こすことが前提といえますが、規律もよくなければ、安定性や継続性も低い場合

があります。

「価値観」という、脳と社会において決定的に重要な役割を担っているこの存在の重要性、生成の過程、そして国や地域による根本的な違いを押さえたところで、次に、私たち個人の「価値観の選定」について掘り下げてみたいと思います。

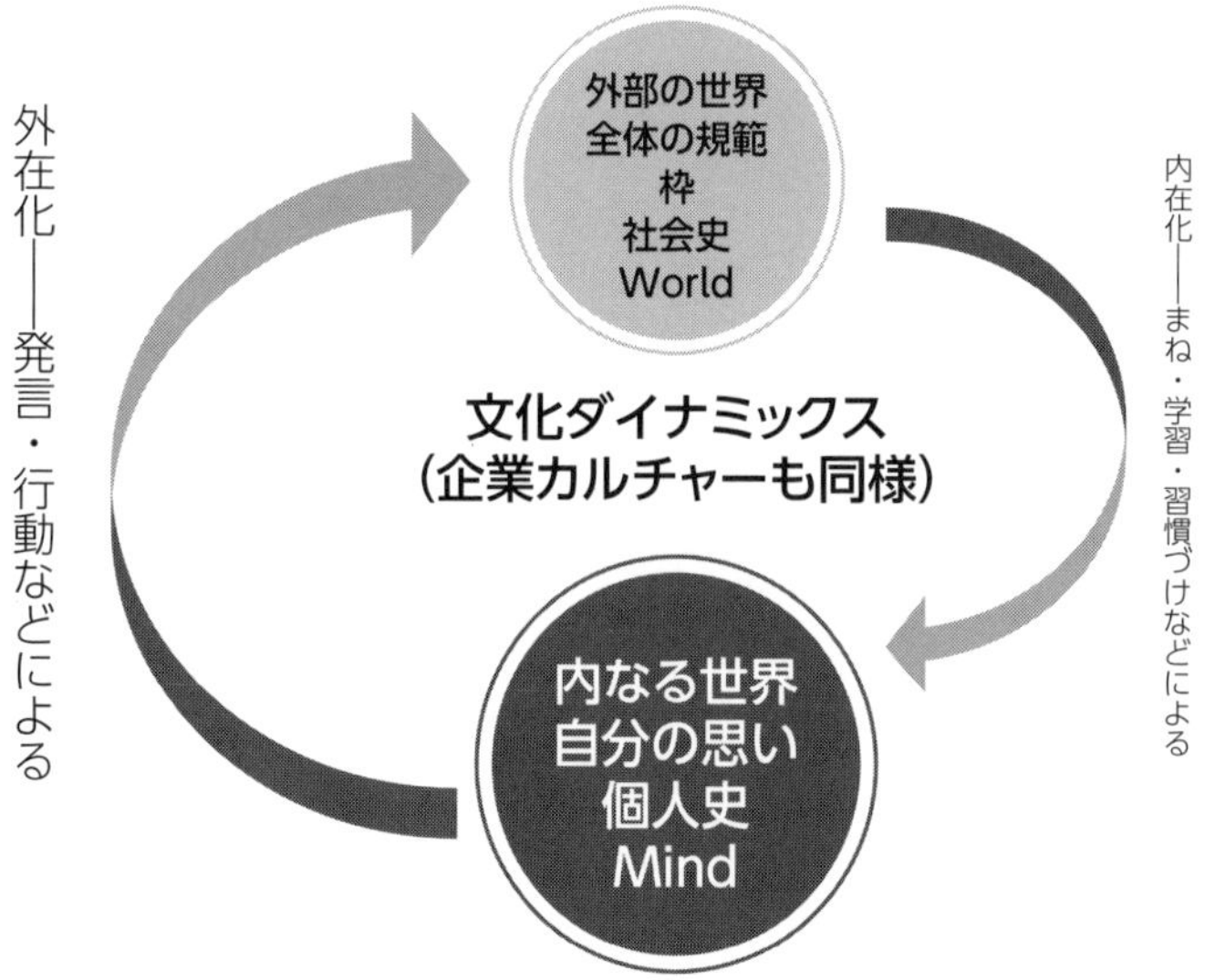

図 5-4　ルースカルチャーにおける価値観生成モデル

第６章

価値観コンパスをつくる

あなたの信念は、あなたの思考になる
あなたの思考は、あなたの言葉になる
あなたの言葉は、あなたの行動になる
あなたの行動は、あなたの習慣になる
あなたの習慣は、あなたの価値観になる
あなたの価値観が、あなたの運命を決める

これは、インドを独立に導いたガンジーが発した言葉だと世界では広くいわれていますが、どうやらそのはるか昔、中国の思想家、老子の考えが起源のようです。ガンジーでも老子でも、歴史の偉人であることに変わりはなく、それより重要なのは、この引用における価値観の位置づけです。

価値観が、その後の私たちの「運命」を決めるという指摘に注目したいと思います。運命は、ここでは何も「過去から尾を引く因縁」のようなものではなく、自分が思考と行動によってつくる「未来の結果」です。インド由来のカルマの考えも、根っこまで掘り下げると全く同じです。私たちの「カルマ」は、過去から、抵抗もできないような形で受け継ぐものではなく、今の自分の思考が言葉に現れ、それが行動の礎となり、将来的な業果（結末）を生むというのがその本来の定義です。

これに読者が同意するか否かはわかりませんし、どちらでも構いません。いずれにせよ、私たちの日々の物事の判断基準の基礎となる価値観を一度棚卸し、言語化することに大きな意味があります。果たして、どのようにして自分の価値観を発掘して明文化するのでしょうか。他人にさらけ出すのは、ある意味恥ずかしいところがありますが、あえて私がここ20年近く、自分の価値観として大切にし、言語化しているものを紹介するところから見ていきたいと思います。

Purity　純心
Positivism　明心
Passion　熱心
Tenacity　頑心
Compassion　慈悲心

日本語の言葉選びでは「心」で揃《そろ》えていますが、私なりの「造語」もいくつか入っていることをお許しください。何事に対しても、濁った気持ちやグレーゾーンに踏み込むことなく、自分なりの原理原則に忠実に行動すること。常に前向きなエネルギーを維持するか、なくした場合は取り戻すこと。情熱と継続力を持ち合わせて、最後は他者や他の生き物に対する思いやりと優しさを可能な限り示すこと。そんな生き方を目指すための5つの価値観です。いつも、100％これらに従って生きられているというつもりはありませんが、常日頃自分の拠り所であり、方向修正のためのコンパス（羅針盤）として機能していることは間違いありません。とても気に入っていて、ここ20年以上、一度も変えたことがありません。

すでに明文化していなくてもご自身の価値観をそれなりにはっきりと持っている読者もいらっしゃると思いますが、言語化できている人は、私の研修などの経験からすると驚くほど少ないです。「価値観が運命＝未来の結果」を決めるという偉人の知恵を受け入れてみるとすれば、それはもったいないことです。ぜひ一度、明確にすることをおすすめしたいと思いますが、その発掘・発見のためのステップを紹介する前に、本書の提案として、3つの基本的な価値観を「欠かせない心得」として挙げたいと思います。プロフェッショナルとして、あるいは（部下がいるか否かにかかわらず）1人のリーダーとして、持っていただきたい最も基礎的な価値観です。

- 主体性
- 建設的思考
- 行動重視

英語でわかりやすく表現すると“I act constructively”になります（I＝主体性）、（act＝行動重視）、（constructively＝建設的に）。序章で紹介したような世界のリーダー、日本の経営者、そして自分の会社や非営利組織のスタッフでも、「リーダー」として何か大きな業績を残した人は、この３つを必ずといっていいほど発揮しています。その意味することは、次のようなことです。

人のせいにしない、いわゆる他責で物事を捉えない。
課題に直面しても、とにかく「この状況において、今、私は次に何ができるか」から発想する。
そして、サッカーの試合でいうタッチラインに立って、評論家として試合をただ批評するのではなく、自分もピッチに立って、とにかくプレーに参加する。

この「主体性＋建設的思考＋行動重視」を、まずリーダー共通の価値観としてインストールすると、それだけでも未来の結果が変わる可能性があります。しかし、それでは「自分色」がないですね。個人として、強く共鳴し、今後も目指したい生きざまを表現するものでもなければ、自分にとって唯一無二の価値観ともいえません。その独自の価値観発見の手立てはいろいろありますが、ここでは３つの探し方を紹介し、次に描く価値観コンパスに、ぜひご自身の大切な価値観を入れていただきたいと思います。

〔唯一無二の価値観を見つける3つの方法〕

①最高の経験を振り返る

これまでの人生や仕事の中で、最高だった体験、自分が「ゾーン」や「フロー」の状態に入り、「これこそが私の目指したいやり方」だと直感した時。その時、あなたは何を大切にしていましたか。どんな「価値観」を発揮していましたか。あれこれ、紙と鉛筆を使って（はい、パソコンではありません！）、言葉として書き出してみてください（いきなり「価値観」としてでなくとも大丈夫です）。

やや出にくいと感じた場合は、「最悪の経験」「ひどい失敗体験」からの反転によっても見つけられる場合があります。自分として恥ずかしくて、その振る舞いが最低だったと思う過去の出来事で、図らずも出してしまった考えやとった行動の「反対」の価値観とは、どのようなものといえますか？

②親しい人に尋ねる

他人（家族、友人、同僚など）が、自分を褒めたり、自分について肯定的に発言していたりするとき、彼らはどんな言葉を使っていますか？　その中にも、きっと、あなたが発揮している価値観のようなものが見え隠れしているはずです。

これを思い出せない場合は、親しい人3～5人に聞いてみるのも悪くありません。お茶会や食事にお誘いし、本音を聞けるような場で、自分の特徴や、思考と行動の独自性や魅力について聞き出してみてください。これ自体、楽しい場になると思います。

③価値観リストからのブレスト

価値観のリストを見て、自分ブレストを通じて明らかにする。例えば、図６-１のような価値観があるとすると、あなたとして体現したいもの、共鳴するもの、これからずっと大切にしていきたいものとして、どれを選びますか？

考えられる価値観がここで出尽くしているわけでは決してありませんが、強く触発され、魅力的と思えるものを一度抜き出してみるのも一案です。

この３つの検証方法を組み合わせつつ、私が提案したリーダーとしての３つの基礎的な価値観に加え、ぜひ自分ならではの５つの価値観を選定し、図６-２価値観コンパスに書き込んでみてください。それを行った上で、ちょっと熟成期間をおいてみて、１~２週間後に見直してみます。そのときに「やっぱりこれだ！」と思

誠実性、正直さ、純心、透明性、オープンさ
まじめさ、勤勉さ、一生懸命さ、努力、規律、継続性、安定性
自由、楽しさ、笑顔、スマイル、開放感
創造性、革新性、挑戦、パイオニア精神、開拓精神
思いやり、優しさ、慈悲心、博愛主義、家族思い、友人思い
忠誠心、チームスピリット、貢献、献身、和
モラル、倫理、社会規範の尊重、先人へのリスペクト
情熱、パッション、エネルギッシュさ、パワー、力強さ、突破力
優雅、エレガンス、美、わびさび、伝統、日本文化、グローバル思考

図 6-1　価値観リスト

うものは、おそらくそのとおり自分の大切な価値観ですし、反対に「これはちょっと、どうかな」と、はてながつくものは、いったん横に置いて再検討するとよいと思います。

ここでいう「コンパス」は、その名のとおり「羅針盤」です。人生の方向性に迷いが生じたときに使えるツールです。困難な状況に直面したとき、判断のものさしとしても活用できます。しかし、心幹を太くし、ぶれない内面を築き上げるには、それでも欠けている大切な要素があります。「羅針盤」を持っていても、「どこに行くのか」や、目指したい「旅の目的地」を示してくれるものではありません。それについては、次の章で考えてみたいと思います。

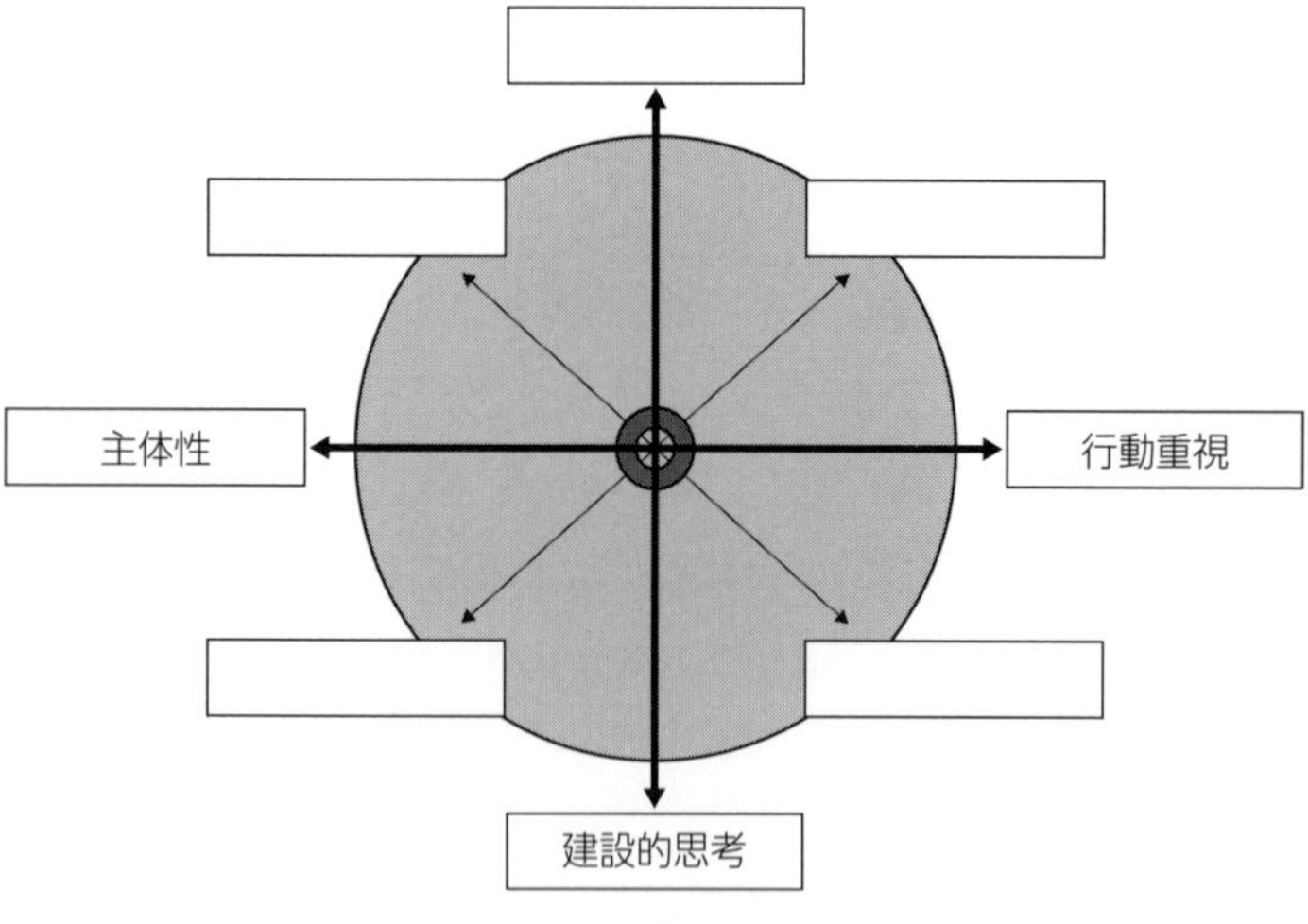

図 6-2　価値観コンパス

第７章

「人生のＷＨＹ」を見つめ直す

　ヴィクトール・フランクル（第1章参照）の過酷な経験を思い出していただきたいと思います。彼がナチスの収容所での観察を通じて得た結論の1つは、人生にミーニング＝自分を超えた目的やパーパスを見いだせない人ほど病や疲労に倒れ、先に亡くなっていくということでした。反対に、人生に深い意義を持つ人は、基本的にどんなことにも耐えることができるとも書かれています。

　私が尊敬してやまない南アフリカ最初の黒人大統領になったネルソン・マンデラ。彼は、当時（20世紀半ば）の白人政府が黒人と白人を隔離し、差別を制度化するアパルトヘイト政策に異を唱え、そのうち地下レジスタンスのリーダーになりました。そして、１９６２年についに逮捕され、その後、実に27年以上、１９９０年2月の釈放まで獄中の日々を送っていました。その大部分（18年間）は、南ア最南端ケープタウン沖に位置するロベン・アイランドの刑務所に収容されていました。最初は特に極めて劣悪な環境下にあり、１９０センチ超の身長を誇っていたマンデラは、自分の独房でまっすぐ寝ることすらできなかったそうです。斜めに体を納めるスペースしかなかったのです。

　しかし、彼には自分を超越する壮大かつ強力なミーニング、マイパーパス、使命がありました。自由な選挙を南アフリカにもたらし、黒人に対する差別をなくすことでした。この鮮烈な生きる目的＝

「ＷＨＹ」は、自由に活動していた時の彼にとって、勇気と情熱の源だったというだけではありませんでした。27年にわたる獄中生活の中でも希望を失わず、常に刑務所の仲間たちのリーダーとして振る舞える源泉にもなっていました。フランクルが指摘していたように、そのＷＨＹを持っていたからこそ、マンデラはいかなる屈辱にも、体罰にも耐えることができ、釈放の4年後、自由な選挙を経て75歳で初めての黒人大領に就任しました。奇跡の物語ではありますが、彼が耐え抜くことができた背景には、意義を持ち続けて生きられたという、一種の法則性があります。

＊

前章で触れたように、価値観の羅針盤を持っていたとしても、そこから明確に自分にとっての仕事や人生の使命やパーパスが見えてくるわけではありません。それは、自分が追い求めたいＷＨＹを見つめ直し、あるいは新たに設定することによって定められるものです。これは、何歳になっても遅すぎることはありません。「私はもう定年退職したのだから、遅すぎました。やればよかった……」などと嘆くのではなく、体と頭さえ動けば何歳になっても人生の意義や、目指したい航海の目的地を設置したり、見つめ直したりすることができます。1つの具体例で、そのことを確認したいと思います。

私は、序章で紹介したように、２０００年に環境・サステナビリティのコンサルティングを手がけるベンチャー企業、㈱イースクエアを共同創業しました。共同経営者は、三菱電機アメリカの元会長、木内孝さんです。木内さんと私が歩んできた道は大きく異なり、また、創業当時、彼は65歳で私の倍の年齢でした。あるエピソードを今でも鮮明に覚えています。会社ができて間もないころ、営業のため電車で遠出した時の会話です（32歳デンマーク人のカントリーボーイと、65歳日本の大手企業元重役という、まさに異色のコンビでした）。

大手企業の組織文化や人の扱い方があまり好きではなかった木内さんは、電車の中で私に次のように明かしてくれました。「これまで43年間を無駄にした。これからが本番だ！」と。そして、その発言のとおり、一緒に経営をしていた11年は常に身を切り、銀行にも、トップ営業にも、セミナーにもともに出向いてくださり、「本番宣言」にふさわしく精力的に経営を牽引《けんいん》してくれました。会社が何度もつぶれそうになる中、「あなたのおかげで1年1年が長い！」と、私に対して愛と皮肉が入り混じる口調で話していましたが、1つだけは確かでした。木内さんは65歳を過ぎてから自分の人生における新たなWHYを見つけることができ、そしておそらく、90歳近くまで生きた中で、その新たなWHYの方が、大手企業での仕事より彼の信条とフィットしていたのだろうと思います。ネバー・トゥー・レイト。マイパーパスの発見や再設定には、肉体や頭脳の著しい衰え以外に、一切の期限はありません。

さて、タイムリミットがないという大切な事実を確認したところで、次に「どのようにして」自分にとってのミーニングを見つけることができるかについて考えます。WHYをいかにして見つめ直すのか……？

時折、「人生の意味とは？」という問いが話題になることがあります。個人的には、生き物には生命の維持と、子孫がいる場合はその子孫が自立できるまで守りたいという以外に、外的な「意味」や「意義」は存在しないと考えています。人生の意味は、自分がつくり出すもの以外に存在しません。「人生の意味とは、意味ある人生を送ることだ」と、アメリカのチェスプレイヤーで作家のロバート・バーンが指摘したように、ミーニングやパーパスは自分が発見し、つくるものです。宗教観の強い方はそう思わないかもしれません。神が我々に与えてくださった「意味」こそ全うすべきだという考え方をされるでしょうし、それを信じたい方は、そう信じてよいと思います。ただし、そこには落とし穴が1つあります。その教理＝神が話したこと、神が設定したとされる「意味」も、結局のところある時代の誰か＝人間が言葉にし、まとめたものです。それに従って生きたいという、積極的な「意義の選択」があれば問題ないと思います。しかし、過去の誰かが「神の言葉だ」と言って定めたWHYにただ従って生きるというのであれば、私は違和感を覚えます。

自分が設定するマイパーパスや、果たしたいと考える使命は、何も壮大なものでなくても大丈夫です。ある研修の中で、男性の受講生は、自分の幼少期に家族でつらい経験をしたことを明かし、「私の使命は、何より今の自分の家族を守り、そこで幸せが絶えないように振る舞うことだ」と話してくれました。彼の過去の経験に由来する、素晴らしいWHYの設定でした。生きていく中で追い求めていくマイパーパスは、「等身大」で当然問題ありません。極めて大きな使命に向かって邁進《まいしん》する人も、とにかく幸せな家族のために自分が生きていくという人も、それぞれ「生きる目的」だと捉えれば、他の誰にもそれに対してケチをつける権利はありません。

個人的には、「等身大」という捉え方より、自分に合った「一隅を照らす」という考え方が、わくわくします。「一隅を照らす」という言葉は、天台宗を開いた最澄《さいちょう》がある書物の中で発信した考えであり、現在も天台宗の教えのバックボーンになっているものです＊5。細かいことは注釈に委ねるとして、現代風にいうと最澄は次のように言っていました。「仮に直径3センチの宝石があったとしても、それを国宝と呼ぶべきではありません。本当の国宝とは、その置かれた片隅を照らしながら、一生懸命に生きていく人のことです」。一隅とは、片隅です。私たちは皆、世の中のある片隅に身を置いて生きているので、その片隅を照らす精神と活動をもって人生に挑めば、それこそが尊いという指摘です。照らせる「一隅」の面積の大きさは人それぞれです。「世の中を何としても変えたい！」と思って奔走する人も、「家族の幸せを守りたい！」と願う人も、その思いに対してまっすぐ行動し、周りを照らす生き方をすれば、素晴らしいはずです。一隅の面積は、あくまで自分で決めるものであり、人生が進む中でそれが変わってもなんら問題ありません。

しかし、これも研修をやっていく中で感じますが、多くの人は忙しい日常に振り回され、あえて自分にとってのパーパスや果たしたい使命を深く考える余裕がありません。あるいは、かつてあったものがいつの間にか現実の重みに押しつぶされ、ほぼ消えてしまったケースも少なくありません。自分にとってのWHYを見つめ直し、明文化するために、一体どんなステップが踏めるのでしょうか。

1つの考えは、自分として残したい「レガシー」から検証することです。どのような人間として、あるいは何をこの世に残した人として記憶されたいかを出発点とするアプローチです。具体的には、例えば自分の葬式をイメージし、そこでされるスピーチでは、あの世に逝った自分がどのように描かれているかをあえて言葉にしてみることです。これが人生における究極のバックキャスティング、すなわち未来の目標設定やビジョンから、今とるべき行動を考える方法ともいえます。個人としてのＷＨＹが明確でない方は、このような、自分についてのスピーチや、新聞に掲載された訃報を実際に書いてみるのがよい方法の1つだと思います。

私の父は73歳という若さで他界しましたが、彼の葬式はこれまで経験した中で最も美しいものでした。政治の草の根活動を行い、北欧各地の代替的なコミュニティを調査するために多くの旅を繰り返し、原子力導入の反対運動にも精力的に取り組んでいた彼に別れを告げるため、デンマークの小さな田舎町の教会に、ノルウェーやスウェーデンからも仲間が駆けつけてくれました。彼の誠実で明るい草の根活動をたたえ、スピーチをしたり、歌を歌ったりする人が後を絶たず、ふと「あれ、これって葬式なんだっけ？」と思うような時間でした。父はおそらく、自分のレガシーをここで提案しているように明文化はしていなかったと思いますが、もしも書いていたとしても、その理想に近いような場だったのではないかと思います。「どんな富を築き上げたか」や、「どんな地位に就いていたか」は、死ぬ時には関係なくなります。人にどう記憶され、その彼らの心の中の残像として何を残せるか——ここにこそ、残りの人生を送る上でのＷＨＹや、マイパーパスの設定につながるエッセンスが含まれています。

世の中には、このようなアプローチ以外にも、個人のミッションステートメントをどう書くかなど、さまざまな手法が提案されています。どの手法でやってみても構わないと思いますが、「誰かに見せる」ためだとか、「かっこよく振る舞う」ためにというのではなく、またテクニック負けにもならないように気をつけた方がいいと思います。何より、自分にしかわからない本当のＷＨＹ、自分の思いと力量で照らせる一隅を見つけることが重要です。価値観と同じように、これを言葉として書き出してみて、親しい人にもぶつけてみて、自分の拠り所とすることをおすすめしたいと思います。あえて自然に身を浸し、山に行って1泊する、京都の1人旅行で探求するなども効果的だと思います。

次の章では、選定した価値観と自分にとってのＷＨＹを礎とした、ライフアンカーと名づけた非常にパワフルで、元気を与えてくれるツールを紹介します。人生という、必ず多くの荒波に遭遇する旅の中で、いつでも立ち戻ることができ、どこからでも再出発を可能にするものです。

第８章

ライフアンカーをつくることで、「自分だけの憲法」を持つ

29歳の時、私は初めて自分の「アンカー＝人生の碇」をつくり始めました。それ以来、30年近くにわたって、さまざまな冒険、時には無謀な挑戦に挑んできた中で、常に心の拠り所にできるこのアンカーを頼りに生きてきました。仕事がきついとき、「ああ、今日は疲れたなあ、面倒くさいなあ」と感じるとき、そして、前を向いて「次に何を、どう進めたらよいか」を考えるときも、このアンカーを使ってきました。

キャリアデザインの中で、「キャリアアンカー」という考えがあることをご存じの読者もいるのではないでしょうか。これはアメリカ・マサチューセッツ工科大学の教授が考案したもので、自分の価値観、能力、動機（モチベーション）が重なるところでキャリアを設計していこうという、とても有意義で素敵な考えです。しかし、私がこの30年近く頼ってきたのは、何もどこかの組織のためでもなければ、ただ「働く」ためのものでもなく、自分の人生をより豊かにするための「ライフアンカー」のようなものです。違った言葉を好む方は、自分だけのためのマイ憲法と考えてもよいと思います。ライフアンカーをつくってみること、自分の好きなデザインに仕上げること、そしてそれを実際に日常の中で活かすことを、非常に強くおすすめしたいと思います。他の誰も奪うことができない、あな

たならではの心幹の強さや太さは、このライフアンカーによって形成できます。

ライフアンカーの構成要素として、まず、第5章と第6章で取り上げてきた「価値観＝自分の判断基準や行動の羅針盤」と「マイパーパス＝自分としての使命やミッション」は必要不可欠だと思います。それに加えて、パーパスやミッションを未来に倒して、具体的な年限を付した「個人ビジョン」や、自分の仕事へのアプローチ、大好きな格言などを加え、オリジナリティーあふれる、素敵でいつでもパワーを与えてくれる1枚の紙に仕上げてください。普段、これも他人に見せることはありませんが、あえてここで私のライフアンカーを紹介したいと思います（図8-1）。

1番上に、第6章でも紹介した、私個人が大切にしている価値観を描いています。次に、自分として定めている個人のミッションを入れています。ここ

図 8-1　ライフアンカーの一例

は等身大で構いませんが、その等身大を「私は、どのような一隅を照らしていけるか、あるいは照らしていきたいか」から発想することをおすすめします。

その他のライフアンカーの構成要素は基本自由でよいと思います。私の場合は、3つの四字熟語で人生に対する基本的なスタンスを描いています。天空海闊《かつ》（大きな心で、どの課題に直面してもどっしり構えて、明るく前進する）、新道開拓（道なきところに、道を拓いていく姿勢を忘れない）、そして、最後は前途洋々（必ず明るい未来に向かう）――その3つでまとめています。

さらに、仕事への基本スタンスと、日々、実際に仕事を進めていく中でのこだわりを言語化しています。後者は、あえて覚えやすいように、ＰＥＡＣＥという頭文字でまとめることにしています。

Ｐ＝可能な限り先手を打つこと
Ｅ＝目と耳でよく観察し、聞くこと
Ａ＝自分がアジェンダを設定する側にできるだけいること
Ｃ＝いかなる時においても冷静さを失わないこと
Ｅ＝それぞれの状況に合わせて、適度の柔軟性をもち合わせること

ライフアンカーの1番下に、好きな格言を入れています。多くの国や文化で、日本語にある「笑うところに福来り」のような語句がありますが、私はここでイタリア語から引用しています。

国の「憲法」では、その国民が共有する基本的な価値観、有する権利や負う義務などが謳《うた》われています。「ライフアンカー」は、自分だけのための憲法と捉えることができると思います。何を大切にし、何を目指して、どのように人生や仕事を進めたいかを、個別の「法律」のように細かく規定するのではなく、いなかる状況においても大きな方向性を示し、心の幹に栄養を与えてくれる基礎的な「憲法」のように……。

私は、29歳でこのプロセスを始めましたが、何も、いきなりその時にライフアンカーの完成形ができたわけではありませんし、途中で変えたり、新しい要素を加えたりしたこともあります。40代半ばになって、ここで紹介しているライフアンカーが完成しました。「完成」といっても、実はいつまでたっても完成はしません。人生の生きる目的を据え直し、自分の学びや経験――そして、起きたことに対する内省と省察――を経て、変えることも当然問題ありません。ただし、人生のアンカー（碇）とするために、あるいは「自分の憲法」としての機能を持たせるためには、これを「不動点」の1つとすることが大切になってきます。

ライフアンカーは、できれば「テキスト」だけでなく、好きな「絵」「デザイン」「模様」を入れて、五感から見て「自分の碇にふさわしい」仕上がりにしてください。見たり、復唱したりすることでエネルギーを与えてくれるものにすることがポイントです。

「そんなもので私が今、会社で直面している課題が変わるわけないだろう！」「これをつくったところで、上司の怒りが収まるはずもないのでは？」——このように思われるかもしれません。しかし、騙《だま》されたと思って、静かな時間と場所を見つけて、ぜひライフアンカーの初版をつくってみてください。次の章で紹介するように、これだけで人生のすべてが好転することは、当然期待できません。しかし、間違いなく体幹を鍛えられるのと同じように、ライフアンカーを通じて私たちは心幹も強くすることができるのです。28年以上にわたって、ありとあらゆる困難に直面してきた筆者の経験から断言できます。ライフアンカーをつくるプロセス自体楽しいものでもあり、初版ができあがった後の効力もじわりじわりと実感できるようになると思います。

第９章

「心メーター」を正常値に保つために

選択と自由の間の空間を広げ、内省や省察による行動強化に取り組む。過去、社会、周囲に翻弄されない自分を確立するために価値観、パーパスを言語化して、ライフアンカーへとつなげる。これまで、本書でたどってきたジャーニーのようなものですが、その旅路で、善き仲間にもなれば邪魔をする厄介な相手にもなりうる「２つの存在」に遭遇します。この２つの存在に出合うことなく、人生を送るのは不可能です。

意識的に思考や行動を変えようとしても、なかなか思いどおりにいかない。心幹を太くしようとあれこれ頑張っても、この２つの存在によってどんな努力も水の泡に感じられ、くじけそうになるときがあります。しかし、その反面、この２つの旅仲間がいなければ迷いが生じ、孤独で死んでしまいそうになります。一体どんな存在なのでしょうか？

片方は「他人」、もう一方は自分の中にいる「覆面的存在」である「無意識」です。生きていく中で１００％の確率で対面する存在であるだけに、その正体を明らかにし、それらに支配されない自分を確立したいものです。

他人を変えることはできません。残念ながら、多くの場合、私たちはそのもどかしい現実に直面します。仕事では、上司であっても部下であっても一向に変わらないと感じる同僚がいたりします。私生活では、結婚相手やパートナーとの付き合いの中でも、同じことを経験することがあります。「ああ、自分がいろいろな努力をしているのに、なんで相手は変わってくれないのか、その努力をなぜ受け止めてくれないのか」――そう思いたくもなります。私自身も、これを何度も経験しています。相手もおそらくほぼ同じように思っているのが、ここではオチでもありますが。

基本的に、他人は「変わること」があっても「変えること」はできないと考えるのが健全でしょう。しかし、ふと思えば、この世の中は自分以外すべて「他人」なのです。どう逆立ちしても、「1対81億人」の状態にあります（ちょっと大げさな言い方ですが、地球規模でいえばこうなります）。家族、友人、同僚、社会の「他人」とうまく接するにはどうしたらよいか。思うように変わってくれない人をどう扱えばうまくいくか――私たちは、このような悩みを抱えながら生きています。

この問いに対する答えは、意外なほどにシンプルです。それも、単なる抽象的な精神論やポジティブ・シンキングではなく、自分の「心メーターを較正する」ための生き方とテクニックを継続的に追求すれば、対応することは可能です。他人が変えられないのであれば、自分の器を大きくし、対応能力を引き上げ、自分が変わること、自分の軸をしっかり据えて心幹を太くすることに専念すれば大丈夫です。その過程の中で、他人が実際に「変わる」こともありますが、そうでない場合もあります。そのどちらであっても、刺激と反応の間の空間を認識して行動するのに加え、「自分の容量＝人間的キャパシティ」を拡大すれば、必ず他人に現在より上手に対処できるようになります。他人のネガティブなエネルギーにも翻弄されない自分を築くことにつながります。

人生の旅路で出合うもう一方の存在。それは、自分の中に潜む「無意識」というものです。仮に、意識的に努力を重ねて、価値観や使命などをあれこれ考えても、あなたの無意識には、過去からのネガティブ・プログラミングが色濃く残っているかもしれません。変な癖や要らぬ思考パターンが深く刻み込まれている可能性もあります。この「無意識」という極めて神秘的な存在だけで、簡単に1冊の本が埋まりますが、ここではその深掘りが目的ではありません。自分の内面の奥深くに、ちょっとやそっとでは変わらない覆面的存在があり、日々の思考パターンや行動にかなりの影響を及ぼしている可能性があることだけ、ここでは確認しておきたいと思います。そして、その無意識は、これまで見てきたカルチャースケープ（第2章参照）によっても形成され、多くの部分は「自分より以前の人たち」や「自分の周りにいる人たち」によってプログラミングされています。そのコーディングの方法を身につければ、リプログラミングすることは可能です。そのためには、アクションがとれる具体的な方法論やテクニック＝ライフテックが必要になります。私の経験に裏づけられた実践的なヒントを次の章から紹介していきます。

その前に、先に軽く触れた「心メーター」を詳しく紹介し、その較正の重要性にスポットを当てたいと思います。私は理系ではありませんが、計測器などの産業機器が摩耗、故障、出荷時の不良などによって標準値を維持できないときがあることは理解しています。そのときに、正常値の幅内に戻すために行われるのが、較正というものです（英語の「カリブレーション」が、そのままカタカナで使われることもあります）。

私たちの心にも、ある幅をもって「正常」といえる作動領域がありますが、その「心メーター」に狂いが生じることも少なくありません。そもそも、幼少期の虐待や親のきつい言葉によって乱れてしまう場合もあれば、仕事場でのハラスメント、結婚生活での耐え難いストレス、あるいは、親しい人の突然の死によって、心メーターが正常値を維持できなくなることがあります。主に、あの2つの存在、「他人」と「無意識」の影響によって乱れるのです。とりわけ幼少期に刷り込まれたネガティブな感情は、そのまま無意識に入り込み、後から心メーターがなかなか標準値に戻れない深層原因となることがあります。スイスの有名な心理学者カール・ユングの言葉として紹介される次の一節が、それによって起きうる悲しい結末を適格に表現しています——「自分の中にある無意識を意識化するまで、無意識はあなたの人生を支配し、いずれあなたはそれを「運命」と呼ぶようになるだろう」＊6。自分が選択した価値観と行動によって、未来の結果＝運命をつくるのと違って、誰が、いつ、どのように刷り込んだものかもわからない力に支配されることがあります。

心メーターが何一つ乱れない人生を送ることはほぼ不可能です。一生懸命に生きて、さまざまなことに挑戦し、生身の他人とも深く付き合えば、むしろ乱れることがあって当然です。また、日常においても正常値の幅内で、針は右に動いたり、左に動いたりしますし、一時的に異常値の領域に入っても大丈夫です。**心幹を太くすることは、同時に正常値の幅を広げることと、針が乱れにくくすることを意味しています。**いってみれば、ダブルメリットがあるといえます。

これまで、第1章から第8章で紹介したステップは、強靱で乱れにくい心メーターの基礎や出発点をつくるために欠かせないものですが、それは主に意識的に、言語化もしつつ変化を起こそうとする過程です。次の章からは、意識的に実行するものの、無意識にも働きかけ、乱れた心メーターを較正するためのちょっとした行動や習慣を紹介します（この技を、本書ではライフテックと呼んでいます）。どれも日常の中で簡単に実施できるものばかりです。第8章で提案したライフアンカーと併せて使えば、リーダーシップ道場の「心の場」をマスターする自分に、一歩も二歩も近づくことができるでしょう。そのライフテックを上手に活用する前提となるのは、言葉の力を認識することです。

図 9-1 心メーターのイメージ

第10章

言葉の力を活かす――「言霊」は本当に存在するか

I am the master of my fate　私は、私の運命の主人
I am the captain of my soul　私は、私の魂の指揮官

第7章で紹介した南アフリカ初の黒人大統領ネルソン・マンデラは、自分の壮大な使命やパーパスを頼りに、27年間の投獄生活に耐え抜きました。しかし、彼にはもう1つの大きな支えがありました。それは、他者の言葉です。中でも、英国の詩人ウィリアム・E・ヘンリーによって書かれた「インビクタス（征服されぬ者）」という詩の、最後の2行が大きな力を与え続けていたと、マンデラが振り返っています。全文を読んでもしびれる詩ですが、最後の「私たちは自分の運命のマスター＝主人」であり、「自分の魂をコントロールできるキャプテン＝指揮官」として振る舞うことができるというメッセージが、マンデラの精神的支柱の1つとなっていたようです。

言葉に力があることは、おそらく誰もが認めると思いますが、それを超えて、果たして「言霊」といえる生命力も存在するといえるのでしょうか。言葉は、単なる記号や伝達のツールではなく、まるで生き物のように魂が宿っていて、それが自分の内面および他者と共鳴することによって、大きな変

化をもたらし得る……。言霊という言葉そのものは、日本では平安時代の和歌集「万葉集」に複数回登場するようですが、このような考えは、何も日本に限った発想ではありません。キリスト教の新約聖書の最初に、次のように綴《つづ》られています（ヨハネの福音書）。原文がパワフルであるため、英語でも併せて紹介します。

In the beginning, there was the word.
And the word was with God. And God was the word.
はじめに言葉があった。
言葉は神とともにあった。神は言葉だった。

この世は、最初は神の言葉によって創られたとする、聖書の有名な一節です。

中米メキシコにかつて栄えていた都市文明トルテカ（7世紀～12世紀前後）でも、言葉の力が生きる上で最重要といわれていたそうです。その子孫の1人を名乗り、北米を拠点に活動する作家であり思想家のドン・ミゲル・ルイスは、トルテカの「4つの約束」の最初として、「言葉遣いは非の打ち所のないように！」(Be impeccable with your word)を、先祖の大事な知恵として挙げています＊7。言葉は、自分と他者を生かすことも殺すこともできるため、ここでいう「非の打ち所のないように」とは、発する言葉すべてに関して、細部にわたるまでの注意が必要であることを意味しています。

インドを発祥地として東洋に広まった仏教にも唯識《ゆいしき》論という同じような考えがあります。この世のすべては「ただ＝唯」「心＝識」によってつくられ、その中でも唯識思想は「言葉の力」を何より重視してきました。「語」は、それぞれの人が抱く意図＝「意」を行動＝「身」に結びつける役割を担っているというのです＊8。

少し哲学的に感じられるかもしれませんが、言霊の概念は地域を問わない世界共通のものであるにもかかわらず、私たちは、どうやらその知恵を十分に活かしていないように思えてなりません。言葉が持つ正負の力にもっと注意を払って生きることで、まず自分の中が大きく変わっていきます。

＊

そもそも言葉は、人類が他の動物を引き離す力を手に入れた3大要素の1つともいわれてきました。二足歩行、道具の活用、そして言語の発達。後者によって、ホモ・サピエンスは抽象的な概念を語ることができ、言語化した過去から学び、言葉を通じて構想する未来に向けて大人数でも計画を立てることができるようになりました。言語は、より大きな集団として「共創して生きる」ために必要不可欠のツールであったため、対人関係の要の1つです（そして、もちろん「共創」だけでなく、「支配」や集団の「統率」においても、言葉が大きな役目を果たしてきました）。対人の視点については、本書第3部で詳しく触れますが、ここではまず自分の内面や心を律し、リードしていくにあたっての言葉の力（本章）と、その使い方の具体的な改善テクニック（第12章）を紹介します。

私たちが日々生きていく上で、言葉は少なくとも4つの大きな役割を担っていると考えています。

①言葉は伝達手段
②言葉は共鳴装置
③言葉は種まき機
④言葉は心の拠り所

伝達手段であることはいうまでもありませんが、単なる記号や道具でないことに留意する必要があります。60年以上前、カナダの著名なコミュニケーション理論家マーシャル・マクルーハンが発したフレーズのように、「メディアはメッセージである」ことが肝心です。新聞やポッドキャストという、一般的な「メディア」という意味だけでなく、私たち1人ひとりは伝える媒体＝メディアであり、その私たちのありようそのものによって、伝わるものが変わるだけでなく、自分に返ってくる反応も大きく異なってきます。1つの、私が経験した具体例を使って解説したいと思います。

日本企業2社の経営トップ。2人とも強いリーダーシップを発揮してきましたが、社員に対する言葉遣いが大きく違っています。片方の話し方からは、常に社員に対するリスペクトが感じられ、敬語も使っています。他方の経営者は「現場は基本バカだからグリップ（掌握）しないとだめだよ！」と他の幹部層に話したり、部下に対しては頻繁に「おまえ」という言葉を使ったりしています。それぞれの経営者に対して戻ってくる反応はどんなものでしょうか。前者に対して、私は社員からの陰口や悪口を一切聞いたことがありません。むしろ、尊敬の念が向けられられています。しかし後者に対してはいろいろな場面で、さまざまな階層（役員を含む）から、否定的で、中には呆れたような発言すら聞こえてきます。伝えている「語」そのものに加え、伝えている「姿勢」が最終的に反響し、その人の評価につながっていきます。

私たちが発する日々の言葉は、伝達手段を超え、自他の間の双方向エネルギーを大きく左右する、まさに生き物のような存在です。このことから、「言葉は共鳴装置」ともいえると思います。マーティン・ルーサー・キング（キング牧師）が1963年にアメリカの首都ワシントンで行った名スピーチがあります。その中から、広く覚えられている言葉は1つしかありません――I have a dream 私には夢がある。アメリカで、黒人に対する差別がいずれなくなっていくことを切望する思いが、そこに込められていました。実際にそのスピーチを読むと感動し、60年以上経《た》っても世界中の多くの人がこれに共鳴し続けています。ちなみに、このI have a dreamという文言は、元のスピーチ原稿に入っていなかったそうです。舞台裏で、登壇する直前に本人が手書きで書き込み、そして話す中で計4回使い、その場に集まっていた聴衆のみならず、未来の、世界各地の人々にまで共鳴の輪を広げていきました*9。

共鳴するということは、発した言葉によって「何かが」自分に返ってくることを意味します。他者のエネルギーが自分に跳ね返ってきます。ともに行動するための前向きな力にもなれば、むしろ人を突き放して、彼らの心に反感や憎しみを植えつける反共鳴の場合もあります。これは、何もキング牧師のような歴史上の人物についていえるだけなく、私たちの日常の中でも常に見られる現象です。例えば、パートナーとの関係において、かつて愛し合っていたにもかかわらず、片方が「おまえ死ねよ！」と言いだしたり、「これ以上のことを言うと本当に殺すぞ」と脅したりするなど、反共鳴的な反応、すなわち、自分に対する憎悪の種をまく言葉遣いも珍しくありません。

種まき機としての言葉には、プラスにもマイナスにも働く二面性があります。私は30年以上にわたり、環境、サステナビリティ、リーダーシップについて、無数の「話す機会」をいただいてきました。時々、ある講演会や対話の中の言葉が、相手の心によい種をまいて、会社の設立や新しい事業を進めるきっかけになったと、だいぶ後になって聞かされることがあります。体の遺伝子のように、言葉も自己増殖する「ミーム」として、時空を超えて広がり、行動を引き起こしていくことがあります。「言葉の種をまいて、行動の森が育つ」――そんなイメージを抱いたことがあります。

最後に、心の拠り所としての言葉。これは上の「インビクタス」の例からも明らかですが、言葉によって生きるか死ぬか、前を向いて生きられるか、それとも沈んでゆくかが大きく左右されます。本書では、価値観、パーパスや使命を言語化して、ライフアンカーにまとめる方法を通じて、自分の中にある言葉を表に出して、生きる拠り所の1つにすることを提案しています。明文化するからこそ、言霊として発揮する力も増していきます。

＊

言葉が持つ主な「機能」は、この4つであると捉えています。トルテカの人々が言っていたように、その使い方は可能な限り「非の打ち所がない」ようにしていくことが望ましいです。言葉こそが、人生を大きく拓くパワーを秘めていて、よい人間関係をつくるためのツールです。

伝達において、言葉遣いのみならず、基本姿勢や「メディアとしての自分」を意識すること。共鳴関係をつくる中で、言葉に込めるエネルギー、善意や悪意がもたらし得る反響に注意を払うこと。言葉遣いに磨きをかけ、未来の行動の種をまくことすらできることを認識し、そして、自分にとって有益な言葉を書き記して、日常生活の中で心の支えや、行動の指針として活用すること。このような意識を持ち続ければ、生き物である言葉は、私たちに力を与えてくれる存在になります。

次の章では、さらに具体的に日常的に発したり受けたりする「3つの声」をどのように変えられるか、そして、それによって、どんな結果を期待できるかに焦点を当てていきます。

第11章

3つの声を通じて、自分と他者の間のエネルギーを変える

私たちは、声を発したり受けたりする送受信機のような日常を送っています。受信する声は2つ（内なる声と他者の声）、発信する声は1つ（他者にかける声）。この送受信の在り方や、受けるシグナル、送るシグナルを意識的に変え、適切なフィルターをかけることによって、心メーターを較正することができます。

内なる声＝インナー・ボイス

なんとも不思議で、面白くて、時には厄介な存在でもある「内なる声」を、英語ではインナー・ボイスといいます。その役割や重要性についてはさまざまな研究が行われていますが、簡単にいうと内なる声は脳の機能の一環として非常に大切な働きをしています。記憶力を強化したり、考えを整理したり、はたまた計画を立てるための自己対話として機能します。時には、実際にも声に出してしまう、あのちょっと恥ずかしい「独り言」と化していきますが、これも異常な程度でない限りごく普通であり、自然です。

コペンハーゲン大学が2023年に発表した研究によると、5～10%の人は、このような内なる声を持っていないそうです。その症状は、「アネンドファシア」という病名がつけられていて、記憶力が落ちたり、考えを言語化したりするのに苦労すると、大学の研究チームが指摘しています[*10]。

勝手に、予期せぬタイミングであれこれ話しかけてくる内なる声を、ここでは2つに分けて考えてみます。1つは、短期的かつ機能的な声、つまり、脳がその日起きたことを処理したり、計画したりするために使うものです。もう1つは、長期的で構造的な声です。その多くは、無意識に刷り込まれた過去のプログラミングから生まれています。ここでは短期の機能的な声はさて置き、長期的に影響を及ぼす構造的な声とどう付き合うかを見ていきます。

多くの場合、この類いの内なる声は「ポジティブ基調」か「ネガティブ基調」のどちらかに分かれます。聞こえてくる声のトーンと内容は、やはりこれまで見てきたように、親や先生の言葉など幼少期に大きく左右されますが、会社で継続的にさらされるネガティブ・ワードや、結婚生活におけるハラスメントによっても、内なる声のトーンが変わることがあります。

私の場合、両親は4歳の時に離婚したものの、とても幸せな幼少期を送りました。平和的な離婚でしたし、母親はおおらかで細かいことは干渉せず、父親も一切怒ることがありませんでした。4人の姉は常に優しく、そして祖母はとにかく私をいかなる時も徹底的に肯定してくれる素晴らしい存在でした。これほど幸運な環境に恵まれる人は少ないと思いますが、当然このようなポジティブな体験をすると、心の中に自己肯定感や自己効力感（自分ならできるという思い）が芽生えてきます。これらが、内なる声の基調になると、大人になってもさまざまな困難に耐える力が向上し、否定的な言葉に遭遇しても自分を信じ続ける力が備わってきます。ポジティブ基調の内なる声が強い人の欠点や落とし穴があるとすれば、ナイーブになり、パートナーに関しても、事業やキャリアにおいても、楽観的過ぎる傾向になりがちなところでしょう。

しかし、読者もおそらくご存じのように、日本の子どもたちは今自己肯定感と自己効力感がひどく低迷しています。「自分自身に満足しているか」「自分には長所があるか」という問いに対して、日本の子どもの回答は諸外国と比べて圧倒的に低いスコアです[*11]。大人であっても、このようなネガティブ基調の内なる声は、多くの自殺の引き金になっているものだと思います。自死という極端な選択をとらない人でも、何かと自分のネガティブなインナー・ボイスに悩まされる人が多いと思います。

これに対して、どんな対処方法があるかを、3つの観点から紹介します。

①表面化、言語化することで「認めて」「表に出して」「正体を明らかにする」
②困ったときに、シンキングからドゥーイングに上手に切り替える習慣をつける
③家族、友人、専門家の助けを求める

第一に、ネガティブな声を伏せるとか、「とにかく、ポジティブ思考だ！　私はポジティブ・シンキングを実践せねば……」などと声を無視することは、よい結果を生みません。しかし、同時に、い

つまでもネガティブな声にイニシアティブを委ねてもいけません。言語化（言葉を表に出すこと）は、本書の一貫したテーマですが、まず、ノートなどにその声の内容を具体的に書き出すことが大切です。それによって、自分の中にある「否定的存在」を認め、あれこれ書き記すうちに、その性質や正体を明らかにすることができます。これだけでも、ネガティブな内なる声の威力が衰えていきます。

次に、思い悩むことを諦め、あるいは「ポジティブ・シンキング」の罠《わな》にはまらないことです。思い悩んで、ドツボにはまりそうなときは「シンキング」から、とにかく「ドゥーイング」に切り替えてください。私自身も、必ずそうすることにしています。そのドゥーイングは、抱えている課題、思い悩んでいるテーマに対して直球を投げるような行動である必要がありません。むしろ視点をずらすか、全く違ったドゥーイングの方が効果的だったりします。単純なことでいうと、思い悩みのドツボに引っかかりそうなときに、「散歩に出る」「ジムに行く」「長いこと話していないおばあちゃんに電話をしてみる」といったアクションでも、効果を発揮します。仕事が山積で無視できない場合は、いったん思考力をあまり要しない単純作業や経費精算などに取り組み、比較的簡単に一定の成果を実感できるタスクに取り組みます。体を動かすことは特におすすめです。停滞した思考も、それによって再び巡り始めるのです。

このシンキングからドゥーイングへの意識的な切り替えを、一時的な対症療法に思えるかもしれませんが、習慣化できればかなりすっきりした日常を送れるようになると思います。

最後に、家族、友人、専門家の助けを受けることについてです。どうしてもネガティブな声が強く、その根も深いときは、自分で対処できない可能性があります。日本では、カウンセリングを受けることや、精神科医にかかることに対する抵抗感が残っている人もいるかもしれませんが、専門家との対話を通じて解きほぐすことがどうしても必要な時があります。

私自身、20年近く前になりますが、ある非常に悲しい現実に直面し、心の処理に困った時がありました。人に紹介され、催眠療法を受けることになりましたが、悲しいかな、全く催眠にはかかりませんでした。しかし、それでもその先生の言葉の誘導によって、絶望的に悲しく感じていた出来事を、長期思考によって希望に変えることができました。たった2時間程度の対話で、「絶望」を「希望」として再設定ができた、画期的な瞬間でした。自分ひとりでは、そこまでのスピードと深さで変化をもたらすことはできませんでした。

外なる声＝アウター・ボイス

自分以外の人にかけられる声にも、いくつかの種類があります。不思議なのは、これまでも見てきたように、会ったこともない過去の人物の声が社会規範などを通じて、自分にまるで語りかけるかのように作用する時があります。一例として、多くの日本人が詳しく知らない儒教の生みの親である孔子。彼は、2500年ほど前に生きていた人物で、おまけに日本人でもありません。しかし、孔子の思想によって儒教が体系化され、東洋に広まり、そして、今の日本社会や組織文化に見られる忠誠心、先輩や年上へのリスペクトなど、多くの行動と、それを補強するための言葉の礎となっています。過去・社会・親・先生などからかけられた外なる声の一部は無意識に刷り込まれ、いつの間にか内なる声として頭を出してきます。

ここでは、もう1つの外なる声、つまり今現在、直接他者からかけられる声について考えてみたいと思います。内なる声と同様に、肯定的で励ますような他者の声なら問題ありませんが、否定的なアウター・ボイスと対峙せざるを得ない時も多々あります。そのネガティブな外なる声を、2つに分解して検討します。1つは、ハラスメントや暴言など明らかに度を越えた声です。その一部は、会社の倫理規定に抵触したり、あるいは、結婚生活の中であったとしても、生命に関わる恐喝なら犯罪になります。このようなものに直面した場合は、一定の距離を置いた上で、他者の助けも受けつつ、粛々と会社や社会が設けたルールに則《のっと》って対応すればよいです。万が一、どうしてもその相手と対話をしたいとか、結婚生活の中で、「子どものために」などと、関係の修復を試みたい場合は、やはり第三者の助けが必要でしょう。1つだけ自分としてもできることがあります。口頭では、決してそのような相手に対してうまくいかないため、文章にして、手紙として伝えることをおすすめします。その文面をまとめる時に、前章で紹介したトルテカの人たちの知恵を思い出していただきたい。言葉遣いにおいて、非の打ち所がないように努める――言い換えれば、感情任せで文章を書くのではなく、悪意や攻撃心が感じられる言葉を可能な限りなくし、はっきりだが冷静にメッセージを書いて、伝えることが効果的です。

明確な暴言やハラスメントでない「低レベルのネガティブワード」をかけられたときに、一体どう対応したらよいのか。このようなケースがかなり多いのではないでしょうか。そのときは、あれこれ迷わずに、図11-1のような「アルゴリズム」に沿ってステップを踏んで、検討するのがよいと思います。

諸事情によって、相手による言葉のストレスを完全になくせない場合や、その場を去りたくな

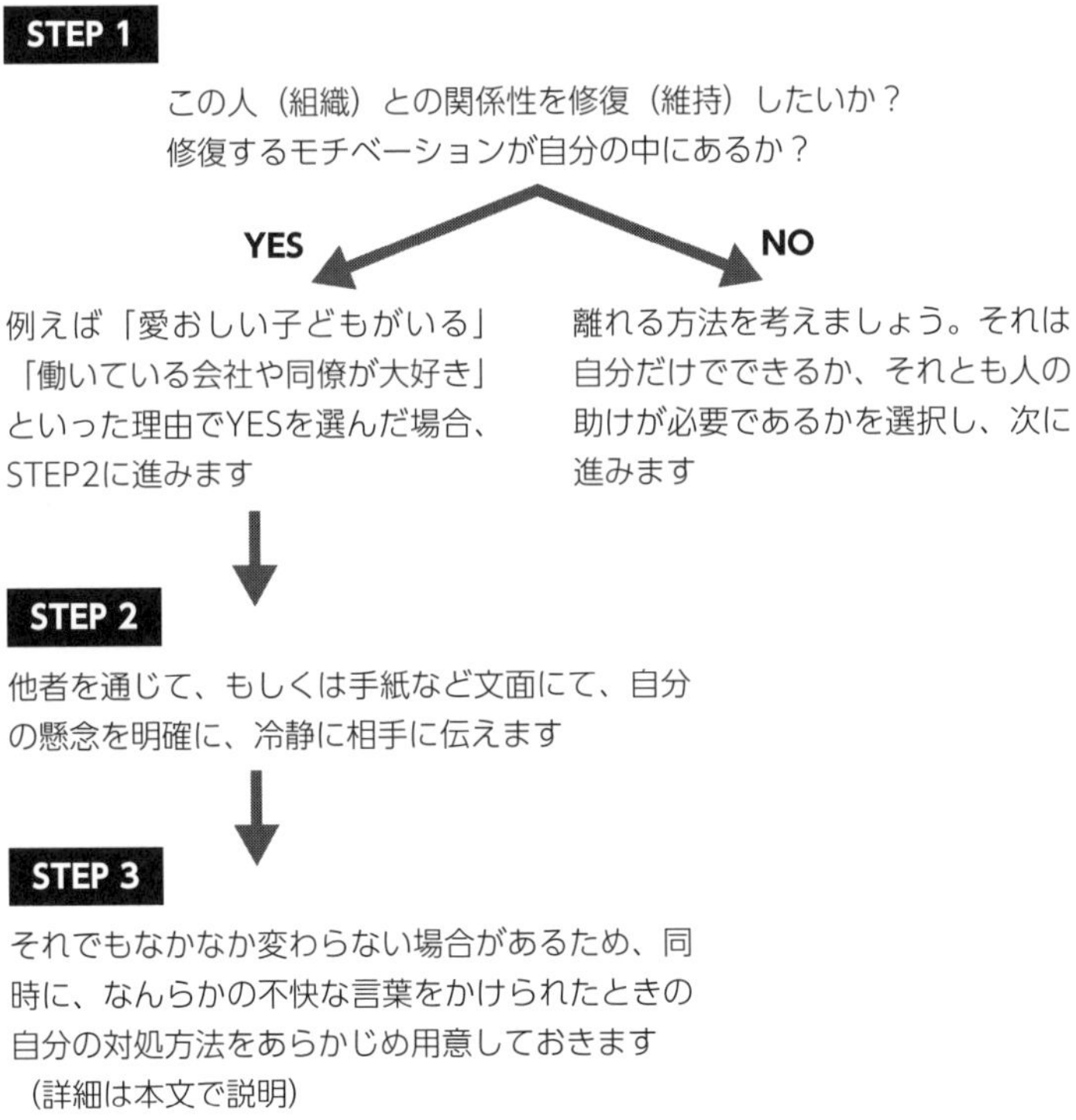
STEP 1
この人（組織）との関係性を修復（維持）したいか？
修復するモチベーションが自分の中にあるか？
YES
NO
例えば「愛おしい子どもがいる」「働いている会社や同僚が大好き」といった理由でYESを選んだ場合、STEP2に進みます
離れる方法を考えましょう。それは自分だけでできるか、それとも人の助けが必要であるかを選択し、次に進みます
STEP 2
他者を通じて、もしくは手紙など文面にて、自分の懸念を明確に、冷静に相手に伝えます
STEP 3
それでもなかなか変わらない場合があるため、同時に、なんらかの不快な言葉をかけられたときの自分の対処方法をあらかじめ用意しておきます
（詳細は本文で説明）

図 11-1　対人関係を検討するステップ

い場合、3つのテクニックで自分に対するダメージを各段に下げることができます。その第一は、先述のドン・ルイス・ミゲル（トルテカの子孫）の言葉でまとめることができます。非の打ち所のない言葉遣いに加え、彼は先人の知恵として「何事も個人的に受け止めない」(Never take anything personally) というルールを紹介しています。他者が騒いでも、否定的な言葉をかけてきても、受け手の自分が悪いのではなく、別の思考の世界にいる他人が発している言葉に過ぎない、と受け止めること。起きていることを認知し、後から自分の対応を再考するのは、第二章で紹介した大切な習慣ですが、他者の怒りやネガティブ・ワードを浴びている最中は、いったん「個人的に受けとらない」ことに徹してみてください。

2つ目のテクニックは、第1章から何度もテーマにしてきたヴィクトール・E・フランクルの言葉から自然に見えてきます。刺激と反応の間の空間を意識して、有効に活用することです。言われたことにすぐに反応せず（あるいは、最後まで反応しない場合もあるかもしれません）、まずは立ち止まって、自分として「何が大切であるか」を考えてから次の言葉や行動を選ぶ。これは、当然フランクルが初めて気づいた対策ではなく、例えば起源1年頃誕生したローマ帝国の哲学者であり、政治家のセネカも、書物の中で次のように指摘しています[*12]。

怒りに対する最善の薬は間を置くことだ
The best remedy for anger is delay

ここでいう「間」こそ、受けた刺激（腹立たしい相手の言動）と、自分の反応（返す言葉や行動）の間の時間的空間を意識的に使うことを意味しています。

最後のテクニックとして、「鏡」ないし「ザル戦法」を紹介します。これは、「何事も個人的に受け止めない」原則をかたちにするようなものでもあります。ネガティブな言葉をかけられたときに、自分が鏡であると考え、そのまま悪いエネルギーを反射させるか、それとも穴だらけのザルとして素通りさせる。どちらの戦法を選ぶにしても、自分の精神へのダメージを受けつけない具体的なイメージとして使うことができます。

念のための注意点として再度確認しますが、内省を経て未来の行動を変えることや、自分の対応が本当に悪いと反省した場合は、「次に向けて」自分の言動を改善します。しかし、それは「後から」と決めて、その場では悪質な言葉を鏡で反射させるか、ザルの穴で素通りさせてください！

自分が他者にかける声

最後に、自分から他者に対して使う言葉についてです。これに関しては、すでに第10章でその注意点を紹介していますが、そう簡単に他人に対して「非の打ち所のない言葉遣い」にはなれません。何も、最初から完璧を目指す必要はありませんが、自分が例えば同僚、部下、上司にかける言葉や、パートナーとの間で交わす表現から、とげを抜いて、コミュニケーションの質的な向上を試してみることは、誰にもできます。そして、私の経験からいえば、人間は理性より圧倒的に感情で動く生き物であるため、言葉遣いや、発言のトーン、ボディランゲージを少し変えるだけでも、割と短いうちに好意的な反応が返ってくることがあります。

第 12 章

ライフテック――心メーターを較正する10の術

私たちが受ける一般的な学校教育には、ある意味不思議といえる盲点があります。このことには、斬新な発想を持つ英国の心理学者、アラン・デ・ボトンに気づかされました。学校では、国語、算数、理科などを学ぶのに、親やパートナーとしてどう振る舞うべきか、自分の感情をどのようにして司《つかさど》ればよいかといった「感情の教育」を一切受けないと、彼は指摘しています。

親業も、パートナー業も、恋愛も、はたまた会社で出くわす他人との建設的な接し方については、基本すべてぶっつけ本番ばかりです。ひどいレベルの人生の〝OJT〟といっても過言ではありません。一応、日本には、「道徳教育」なるものがありますが、これはアラン・デ・ボトンがいう感情の教育と大きく異なります。

ボトンの考えに触発され、私は生きる上での基礎的な技＝ライフテックについて考えるようになりました。その中には、前章で紹介した「言葉」が非常に大きなウェイトを占めますが、「行動習慣」として活かせる技や、「肉体管理」に関する技も多数存在します。本章では、私がここ10数年の間に実践してきた「心メーターの較正」に効く10のメンタル面のライフテックを紹介し、第2部では、健康と体を強化するための術にスポットを当てていきます。

10のテクニックを紹介する前に、1つだけ断っておきたいことがあります。本書全般に関していえることですが、宗教由来の引用があったり、スピリチュアルと思える部分や、祈りなどといったワードを使ったりすることがありますが、私はいかなる宗教にも教理にも属しません。生命の力、善なるものの力、愛の力を自分なりの信条として生きていますし、そこから素晴らしいパワーが得られるとも思っていますが、これは「宗教」とは無関係のことです。

＊

先述のとおり、これから説明するライフテックは、すべて自分で活用したものばかりです。序章で紹介したつらい経験が多く重なり、さらに本書では詳しく触れませんが、プライベート面での苦しい出来事も相まって、特に過酷な7年間を過ごしました。そのおかげで、おそらくほとんどの人よりは多くを学び、深く考えさせられ、自分なりに構造化し、多数の技を試してきました。

読者にとっても、理想的なのはご自身としてのライフテックの「貯蔵庫」をつくることだと思います。しかし、長期にわたる苦しい体験でもしない限り、なかなかそこまで体系化する時間とエネルギーは生まれないでしょう。ぜひ本書で紹介するさまざまな技の中から取捨選択していただき、また自分に合った要素や技を足すなどして、「最強のツールが揃《そろ》う貯蔵庫」をつくってください。

10のライフテックには、主に「ドゥーイング」にまつわるもの（つまり、新しい行動習慣をつくっていくための技）と、主に「トーキング」、つまり自分にかける言葉にまつわるものがあります。面白いことに、後者を実践していく中で「第4の声」が登場することにもなります。勝手に湧き上がってくる内なる声ではなく、自分が意識的に、言葉の力を通じて、自分にかける声です。あなどることのできない力が、この声にこそあると思うようになりました。

ドゥーイング（行動習慣）中心のライフテック

①笑顔を増やす＋品格・風格を高める

Smile and have class!

最も単純ながら、忘れられがちなアクションは、自分の笑顔の頻度を増やすことです。同時に、背骨をまっすぐに、姿勢を正して、明るい表情で、品や風格のある自分を意識的に目指すことです。後者を英語では、"She (he) has class!" とも表現します。

以前も触れたように、世界の多くの言語に、日本でいう「笑うところに福来り」という表現がありますが、これは偶然ではありません。暗い表情をしている人、眉間にしわを寄せ、姿勢が悪く、どう見ても品格も風格もない人には、他人も、そして、よい運も近寄ってきません。通勤電車がつらくても、会社に着いたらモードを切り替え、スマイルとカッコいい人としての振る舞いを試みてください。肉体的にも、笑いが健康によいという研究は世界各地でされていますし、いうまでもなく、人間関係も笑顔によって好転します。

私が共同創業した㈱イースクエアで長年社外取締役をしてくださったリーダーシップ論の権威、新将命さんもこのことをご自身のエピソードとともに教えてくれました。彼は、社員との大切な面談や顧客との商談の時、トイレの鏡の前で大きな笑顔を輝かせ、姿勢を正してからそのミーティングに挑んだと語っていました。

②マイクロ習慣をつくり、マイクロ学習を続ける
Create microhabits and pursue microlearning

ギリシャのあの有名な哲学者アリストテレスはかつて、次のように言っていました。「我々は、繰り返し行うことが次の自分をつくる。したがって、優秀さ（卓越性）とは、行為ではなく習慣である。*[13]」世界的なベストセラーを世に送ったアメリカの作家ジェームズ・クリアは、このことを次のように表現しています。「あなたが繰り返しとる各々の行動は、『なりたい明日の自分』への投票のようなものです。*[14]」クリアは、その著書『複利で伸びる1つの習慣』で、「マイクロ習慣」（彼は、アトミックハビットと名づけています）の力を、さまざまな角度から面白く紹介しています。私たちが日々とるささいな行動の積み重ねが、時間を経て大きな成果を生んでいきます。年始に「さあ、今年の抱負だ！」と高い目標を掲げがちですが、だからこそ1週間程度で挫折したりします。それより、日常に組み込みやすく、短期間で充実感が味わえる「1日1％」の改善の方が効果的であるという捉え方です。短期での「成果目標」は不要です。最大の成果は「続ける」ことによって生まれてきます。

私は、体調管理面と学習面で特にこのようなマイクロ習慣や、自分で名づけた「マイクロ学習」に力を入れ、その魅力と長期的な成果を実感しています。肉体面に関しては第2部に譲るとして、今非常に気に入っている「マイクロ学習」について、簡単に紹介したいと思います。

同時に複数の仕事をこなしていく中で、本はなかなか十分に読む時間が確保できません。そのため、毎朝、コーヒーをいただきながら、自分の関心が強いテーマに関する本を20分程度読み、気に入ったフレーズをミクロ学習の手帳に書き込むようにしています。それと併せて、無駄かつ鬱陶しい「待ち時間」をなくすため、必ずカバンに好きな本を1冊入れています。こうするだけで、虚しい待機時間がなくなり、すべて自分の身になる学習タイムに変身します。いつでも、どこでもマイクロ学習ができます。

本書を書くにあたって、マイクロ学習の手帳を見直してきましたが、それはまさに宝の山であり、読み返すだけでワクワクします。学ぶことこそ私たちの脳を発達させ、次なる地平線を拓く出発点でもあるため、ぜひこのマイクロ学習を試してみてください。継続のポイントは、日常のルーティンへの組み込みと、好きなテーマでの本を選ぶことです。

③ソウルデイの設定を通じて、魂に栄養を与える
Nourish your soul — set a soulday

忙しく、仕事に埋め尽くされた日々を送っているとしましょう。その仕事自体充実したものかもし

れませんし、次々に目標も達成していかれるかもしれません。しかし、どこかでふと、虚しい気持ちになったりします。左脳的な仕事のプロセスが続くと、右脳、心、さらにいえば自分の魂が荒《すさ》んでいくと感じるときがあります。仮に、このように感じない人に対しても、私は「ソウルデイ」の設定と実施をおすすめしたいと思います。ちょうど、この一節を書いていたところで、親しい友人からメールが舞い込んできました。「1日休みをとって、妻と一緒に古い映画、When the Wind Blows（風が吹く時）を見に行ってきました」と書いてあるのです。これが、まさにソウルデイです。山に出かけハイキングをする。映画を見に行く。好きな美術を鑑賞する。素敵なコンサートに友人とともに足を運ぶ。自分が没頭できる趣味や絵描きに、時間を忘れて取り組む……仕事の頭、理性的な脳ではなく、魂を潤す場と時間をあえて設ける。

これが日常的にできている人なら必要がないと思いますが、多くの人はついこの重要性を忘れ、自分のどこかの、何かが「栄養不足」になっていくのです。忙しい人は、必ずカレンダーに入れることがポイントです。有給をとって、「あえて」映画を見に行くのも最高です。

④自分のエネルギー・フィールドを設ける
Create your own energy field

長くてへとへとになる朝の通勤。難しい相手にあれこれ言われそうな面倒な会議。自分の精神のエネルギーがどう考えても乱れ、本書流にいうと心メーターの針が振れてしまいそうな時がありますね。

この時に——イメージになりますが——自分の周りに自らコントロールする前向きなエネルギーの場をつくってください。「え、そんなバカな!」と思うかもしれませんが、これはいろいろなシーンで簡単にできることです。

私も東京の満員電車にたびたび乗りますが、そのような場でも、ライフテックの6~9で紹介する言葉を(声を出さずに)復唱したり、自分ブレストを行ったりすることがあります。面倒だと思う会議の前は、その意義や目的、自分としてどう振る舞うかを考えた上で、マイナス影響を受けないための「エネルギー・フィールド」を張るイメージを持ちます。

電車の中で、スマホの世界に毎日逃げ込むことは、おすすめできません。学習のツール、情報収集、友人や家族とのやり取りなど、有益に活用できる場面も無数にありますが、スマホが発するエネルギーは、私がここでいうエネルギーとは質的に異なっています。使い過ぎは、目の疲れ、精神系や脳への悪影響もおよぼしかねません。自分の思考、言葉、内面の力によって、エネルギー・フィールドをつくることが肝心です。

⑤セブン・ワード:次のパフォーマンスを過去最高にする!
Seven Words: Make the next performance your best ever

これはアクションのような、決意のようなものであり、どこで学んだかはもはや覚えていませんが、ほぼ100%のシチュエーションで実施しています。

次の講演、次の企画発表会議、次の商談――それが大きなものであっても、小さなものであっても――先の英語の7語にあるように、その「次」をとにかく「過去最高にする」と、自分に誓って取り組むことです。いつもその思惑どおりにはいきませんが、間違いなく自分のパフォーマンスを引き上げ、他人にも感動を与え、仕事人生においては、重宝がられる人になる有効なテクニックです。スポーツ選手も当然同じ7語を使うことで、ベストパフォーマンスへのコミットメントを高めていくことができます。

トーキング中心（自分にかける言葉）のライフテック

⑥感謝の辞

Words of Gratitude

さまざまなところで、「感謝すること」の威力が語られます。日本人にとって、感謝を言葉にするのは、割と自然なことでもあると思います。1日の最後に、自分として感謝できる3つのことを見つけて、日記やノートに書き込む手法がよく紹介されます。また、「感謝の手紙」を書いて、たとえ同僚や先生であっても（少々照れますが）直接読み上げてから渡すといったアクションも、ポジティブ心理学生みの親マーティン・セーリグマンらによって提案されています。

第2部で詳しく紹介するような厳しい体調不良に直面し、何年にもわたり正常な睡眠がとれない中、私は自分なりの「感謝の最強テクニック」をつくりました。寝る直前か、夜中に目が覚めて寝付けないときに、頭の中で次の「感謝の辞」を復唱します。宇宙から、体の細胞に至るまでのすべてに対して感謝を表す、わずか数分で述べられるものです。


私は宇宙に感謝します。

私は太陽系に感謝します。

私は太陽に感謝します。

私は地球に感謝します。

私は地球のすべての生き物に感謝します。

私は、私を可能にしたすべての人に感謝します。

私は同僚と友人に感謝します。

私は〈家族、パートナー、自分の子供の名前〉に感謝します。

(なお、私は離婚していますし、当然その関係で複雑な気持ちもありますが、ここでは、前の妻にも感謝するようにしています)

私は自分の体に感謝します。

私は臓器に感謝します。

私はすべての細胞に感謝します。

元気があるときには、「原子」まで続けますが、その前に寝てしまう時も少なくありません。

⑦愛の祈り
Prayer of Love

少し「感謝の辞」と似たところがありますが、宇宙、地球、社会、他人、同僚、友人、家族をすべて愛で包み込むイメージを持ちつつ、I send my love to……の言葉を繰り返します。家族になると、個別の名前を入れて、できるだけその人が抱えている課題、病気、実現したい夢などに思いを馳《は》せて送ります。とっても素敵な時間です。自分の細胞から、愛が広がっていくことをイメージします。

この「感謝の辞」と「愛の祈り」は、他者のことを思って行うものですが、同時に自分の体の中にあるすべての細胞を感謝と愛で満たして、その素晴らしいエネルギーで細胞が修復し、より健康になっていくこともイメージします。不眠症の人には、非常におすすめです。先にも書いたように、終わらないうちに寝つくケースも少なくありません。

⑧先祖の言葉（マントラ）をつくる+守護人としての先祖への呼びかけ
Ancestor Mantra & Ancestor Spirit Power

このあたりで、「なんだか怪しくなってきた！」と思われる読者は、どうぞ飛ばしていただいて構いませんが、私は、亡くなった祖父母、親、非常に大切なメンターを「アンセスター＝先祖」と捉え、彼らが発した素敵で生命力ある言葉を復唱することを習慣としています。両親、祖母、そして本書でも紹介しているビジネスパートナーだった木内孝さんの言葉を、次の3つに集約し、現在マントラとして使っています。

Stay Positive
Always Seek the Truth
Be Kind to All You Meet

常にポジティブさを保ち、真実を追い求め、そして接するすべての人に対して親切さを忘れない。これが、いつも力を与えてくれるアンセスター・マントラです。

併せて、何年にもわたる厳しい不眠症にさいなまれたこともあって、私を支えてくれたがあの世に逝かれた大切な人（この場合も、両親と祖母が中心ですが、他の人でも問題ないと思います）をイメージし、彼らの力が私を元気にし、睡眠を呼び込んでくれるよう、名前を呼びながら具体的にお願いをします。これを何度も繰り返し行います。

⑨自分を傷つけた人、裏切った人を許す
Forgiveness

現在進行形のハラスメントや暴力に直面している場合に実施するものではないと思いますが、一定の時間が経って「過去のものになった」恨みや憎悪の念を、「〇〇さんは許す！　そのすべてを許す」と、イメージをしながら言葉にします（頭の中で問題ありません）。これができれば、思いは丸ごと前向きになれますし、確実に自分の器を大きくすることができるようになると思います。

⑩必ず打てる「次の一手」がある！ There is always one more thing you can do!

最後は、ドゥーイングなのか、トーキングなのかを、はっきり区別できないライフテックを紹介します。これは、肉体的に最も苦しく、夜中に10回程度目が覚めたり、体中が神経痛でどうにもならないと思ったときなどに、頻繁に使ったテクニックです。

苦しいからこそ、自分に次のように言い聞かせていました。「死なない限り、『できること』『アクションがとれること』は必ず、小さなことでも、大きなことでも、存在します。」そして、自分にかけたその声のとおり、「何かをやってみる」のです。例えば、タオルをお湯に浸して体の痛い部分に当てる。自分の手で患部をほぐす。昼間であれば、ストレッチや軽い呼吸法を実施するなどです。アロマ油をお湯に入れて、それを真夜中に吸い込みながらリラックスをする、そんなシーンもありました。とにかく、肉体的に不可能でなければ、「次に、なんらかのアクション」をとることができます。

この単純そうでありながら苦しい時に守りづらいテクニックは、会社生活で行き詰まったときにも効力を発揮します。愚痴を言ってガス抜きをするのもよいのですが、「私として、打てる次の一手とは……」に切り替えることが一層効果的です。第6章で紹介したリーダーとしての共通的な価値観である主体性、建設的思考、行動重視をつないで、1つにするテクニックでもあります。

これまで他に試したライフテックもあれこれありますし、読者にとってよりしっくりくるオリジナルなものもきっとあると思います。ここで紹介した10の技を眺めつつ、何度か読み直していただいて、使えそうなものを一定期間活用してみてください。行動が習慣として熟成するまで、約2カ月かかります[*15]！

コントロールしにくい内なる声や、他者によってかけられる外なる声、他者から受ける行為と違って、ライフテックの実施は、誰も邪魔をすることができません。すべて、自分でやればできる世界です。このような「マイクロ習慣」をつくっていくことによって、次第に無意識にも深く働きかけることができます。メンタル面でのライフテックは、まさに無意識に刷り込まれた過去のプログラムをアップグレードし、新しいソフトや生活アプリをインストールするようなものともいえるのです。

第13章

リーダーシップ道場における「心の場」

人生は、実践を通じて学ぶ道場のようなものです。他者と戦うためではなく、1人の人間として、心、体、人間関係、社会や地球とどう向き合い、自らを大きく、深く、広くしていけるかを探求する「道場」です。終わりなき旅でもあり、頭と体が少しでも動く限り、探求と研磨を続けることは、すなわち「生きること」と同じではないかと思います。

その中で、「リーダーシップを発揮する」とは、一体どういうことなのか？　序章で紹介した本書のリーダーシップの4要素をもう一度確認しましょう。リーダーは、次のような行動をとる人であると書きました。


共感力を高く持って人と接する（Listen)。

イニシアティブをとる（Take Initiative)。

先への道を、自ら切り拓く（Chart a path forward)。

目先の利益ばかりでなく、より大きな善も忘れずに行動する（Never forget the greater good)。

内面を磨き、心や魂に復元力としなやかな強さ（レジリエンス）を備えていくにあたっても、この4つが大切になってきます。内面を律する「リーダーシップ」を、この第1部でどのように捉えてきたを確認してから、第2部の「体の場」へと進んでいきたいと思います。

自分の人生に対する責任を全面的に引き受け、被害者意識を捨て去ること。そして、過去の誰か（文化や社会を含む）に翻弄される自分ではなく、カルチャースケープの中から、あるいは他者や自分の内なる声によって受けるメッセージの中から、主体的に取捨選択し、「自分の人生」を送ることがすべての出発点です。これを実践可能なものにするために、第1部では大きく分けて3つの観点から、具体的なステップやアクションを提案してきました。

エージェンシー（自己決定力）の再確認（＝主体性を高め、自らの意志によって思考し、行動する）
・刺激と反応の間の空間を認識し、活用する。
・カルチャースケープ、社会規範、通説に対する選択眼を持つ。
・省察と内省力の向上を通じて、行動強化に取り組む。

自分の軸の設定と、意義、パーパス、使命の探求（＝主体性を持った上で、何を判断基準に行動し、どこに向かって生きていきたいかを明文化する）
・自分にとって大切な価値観を選び、価値観コンパスをつくる。

・人生のミーニング（意義）、パーパス、使命、レガシーを検証する。
・ライフアンカーにまとめ、好きなデザインに仕上げ、拠り所とする。

心メーターを較正するためのライフテックの活用（＝人生の中で遭遇する出来事、他者や自分の中にある無意識からの影響に対して、内面を健全な状態に戻すための生活の技を身につける）

・心メーターの意味と重要性を理解する。
・言葉の力――言霊――を認識し、その力を活かす。
・具体的なライフテック（内面を強くする技）を習得し、習慣化する。

道場の終わりなき実践を満喫し、「目的地」ではなく「旅そのもの」から幸福度が得られるのですが、その中で、1つだけ忘れてはならない大切なことがあります。自らをリードし、強くなるということは、時と場合によって負担やストレスにもなりかねません。自分の心の脆弱《ぜいじゃく》性や、新しい経験や人と出会う中で直面する恐れを認めることが極めて大切です。弱さを認めて、いつも完璧でいられないと思うからこそ、しなやかな強さと困難に直面した後の復元力が備わってきます。第1部で紹介しているアフリカのヒーロー、ネルソン・マンデラも、次のように語っていました。

Courage is not the absence of fear, but the triumph over it

「勇気」とは、自分にとって恐れがないことを意味するのではなく、その恐れに打ち克つことだ*16

私たちは、必ず内面の弱さがあり、恐れを感じる場面があります。いつも100%リーダーとしての人生を送れるわけではありません。ジェームズ・クリアが提案した「1日1%」の前進でも、いや、時には「1日マイナス1%」の日があっても構いません。しかし、リーダーは——つまり自分の人生をリードし、周囲によい影響を与える人は——その1%の積み重ねを大切に、心が乱れた時は較正し、恐れからも逃げることなく、むしろ学習材料にしつつ「なりたい明日の自分への一票」を投じ続けていきます。

第２部

体――健康、Soma、体調管理の場

第14章

7年の病が教えてくれたこと

日本の温泉を訪れると、その効能として必ずや挙げられているのが「神経痛」なるものです。かつて病と無縁だった私は、いつもそれを見て、「これって、一体どんなものなのだろう」と不思議に思っていましたが、序章で紹介した後頭部のちょっとした怪我《けが》と、長年のあまりに過酷な働き方によって、いつの間にか神経に由来する多種多様な症状に見舞われることになりました。

・後頭神経痛　首から頭蓋骨の中へと、針を指したかような鋭い痛み
・胸椎5番あたりから、胸（心臓周辺）に突然走る激痛（コワイものです！）
・座骨神経痛（これは、比較的かわいいものですが、座ろうとするとやっかいです）
・首の付け根から腕への神経痛、手首の慢性的な痛みに加え、中指の付け根も痛む
・首の右上の部分から、右足の裏まで走る電気ショックのような症状（これが発生すると、右足で立つことが不可能）
・足裏神経痛（歩くと悪化するため、まともに歩けない）
・股関節痛（こいつも動くと悪化するだけでなく、夜寝るとじりじり痛む）

・みぞおちの両端、あばら骨の先が、左も右も常に痛む
・顔面神経痛と側頭部神経痛の発生も日常茶飯事

おまけにとでもいうか、こんな症状も。

・体の左側での呼吸困難（息が吸い切れない、時々息がひっかかり、「ああ、このまま次の一息ができないと、これは死ぬことになる」という感覚）
・不整脈（4年弱続きましたが、最もいやらしいのは、横になって左を向くと必ず発生すること）

ミーティングを10分以上すると世界が回り始める。一時期は、10分以上歩くと後頭部右側が朦朧《もうろう》とし始め、それ以上歩けない。お酒は一切飲めず（5年程度）、目も影響を受けたため本がしばらく読めず、パソコン画面もテレビも極力見ないようにしていました。飛行機にももちろん乗れません。そして、2008年2月のある日、当時住んでいたマンションの外に出ると「何かが鳴っている」ことに気づきましたが、それが耳鳴りの始まりでした。そのうち、後頭部一帯を苦しめる金属音へと悪化し、それ以降鳴りやむことがありません。

当然ですが、こうもなると消化は停止します。お腹が膨張し、その不快さで余計寝にくい。一般的にいわれる3種類の不眠症――入眠障害、途中覚醒、早朝覚醒――が同時に発生するため、布団に

入ったからといって休まるわけでもありません。想像し難いと思いますが、同時に金属的な耳鳴りと後頭神経痛、左を向くと不整脈、時には胸への激烈な神経痛が走り、股関節はじりじり痛くて、呼吸がいつ乱れるかもわかりません。一番厳しい時は、地獄そのものでした。

先述のとおり、私はそれまで病とは完全無縁だっただけでなく、常にポジティブ思考で物事を捉えてきたため、「まあ、これはちょっと厄介だから治るのに2、3カ月はかかりそうだ」と勝手に思っていました。しかし、最終的には9年かかり、最も厳しい期間は7年続きました。しまいに、自分が共同創業し、社員とともに汗と涙でなんとか軌道に乗せた会社も辞めざるを得ず、収入は社長レベルから激減、そしてついに月額「ゼロ円」に！

「おいおい、これだけの症状なら医者にも行って、どうにかしてもらえたのでは？」と読者は思われるかもしれません。そのとおり、通い詰めていました。2006年から7年にわたり、西洋医学、東洋医学、そして「不思議系」の治療法などを15種類試して、多種多様な脳スキャン、MRI、レントゲン、検査、治療に東奔西走し、計420回通いました。西洋医学では、何ひとつ原因を突き止めることができず、ついには精神の病ではないかと思われ、「心療内科はいかが？」と勧められました。すべてをとことんやり抜いてみる覚悟でいたため、その助言のとおり評判のいい心療内科の先生に数カ月お世話になり、最後は5種類の薬を処方されていました。不整脈の悪化に伴い、6種類目の薬を勧められましたが、そこでハッと目が覚め、精神系の治療と薬と決別しました。

少々余談になりますが、やってはいけない薬のコールド・ターキーを断行しました。直訳すると「冷たい七面鳥」になるのですが、これは、麻薬に依存している人が突然すべてのクスリをやめるときに起きる恐ろしい症状のことを指しています。精神安定剤、抗うつ剤、入眠薬、睡眠を長くする睡眠薬を服用していた私が、そのすべてを1日でやめると、それはそれでまさしく恐ろしい症状に見舞われました。血まみれの夢、殺し合いが多発する悪夢を何夜も連続して見るため、いつにも増して睡眠がとれません。

東洋医学は、体質改善に重きが置かれ、受診した中でもなんらかのよい影響をもたらしてくれたものが大半だったと思いますが、それでも一向に症状が消える気配がありません。そんな中、オーストラリアの元剣道のチャンピオンだった友人と公園で木剣を使って遊んでいたとき、彼は次のように言ってくれました。「それを治せる先生は、あなた自身じゃないのかね？　先生は外にいるのではなく、あなたの中にいる」と。そう言われても、しばらくあれこれ治療を試しましたが、最後はそのすべてを捨てて、仕事も一切引き受けず、2年間にわたる「隠居生活」の中で、とことん体と向き合い、自ら治るまでじっと我慢して取り組みました。

闘病生活で経験したすべての症状をここでは書き切れませんが、基礎体力が弱く、精神も脆弱な人であれば、死んでいた可能性も十分あると思います。支えてくれた精神面のバックボーンについては、日々の家族のサポートはもちろんのこと、それ以外に関してはすでに第1部で紹介しています。私の場合は、自分を超えた目的や人生の大義（第4部参照）があったことと、幼少期に植えつけてもらった自己効力感の2つが決定的に重要な要因でした。

早送りすること19年（2025年）。現在残っている症状は、上記の中からたった1つです。軽減はしているものの、後頭部一帯で金属的な音を発生させている耳鳴りだけは、鳴りやむことなく続いています。他のすべての症状はきれいになくなっています。現在は、肩こりも腰痛も、通常直面するような肉体的な不調もなく、年々健康になっていると実感しています。その長い回復の途上で学んだことは果てしないものだと感じています。進行性がある病気と違って、回復が可能な病であったことが幸いしましたが、病は非常に手ごわく、しかし同時に素晴らしい先生でした。

リーダーシップ道場の2つ目の場である「体」（肉体的な健康）に関して、図らずも学んだことをこの第2部で詳しく紹介します。単なるテクニックだけでなく、精神と肉体の接続、神経という不思議な存在の役割、そして私たちの体を構成する30～60兆の細胞とその環境についても見ていきたいと思います。その第一歩は、体が持つ再生能力のすごさを知り、自分の体の声に耳を傾けるところから始まります。

第15章

脳も体の細胞もすべて再生する

２００９年大晦日。さまざまな厄介な症状に見舞われ始めてから3年以上が経ったある日、記録を続けていた手帳に、次のように記しています。

私は、２００７年から体内年齢を1つずつ下げて、現在36歳（実年齢は40歳でした）。
２００７年11月で38歳
２００８年11月で37歳
２００９年11月で36歳
これから、少なくとも２０１５年12月31日まで年齢を下げ続ける（体内年齢が30になるまで）。これによって、18年を稼ぎ、病から立ち直った後の行動する時間を取り戻す。

２０１６年2月、48歳になった少し後（すでにほとんどの症状は消えていました）、予定していたとおり「体内年齢」をまじめに測定することにしました。ＢＭＩ、血管年齢、骨年齢がその主な検査項目で、それぞれの生物学的年齢が推定され、最後に総合的な「体内年齢」が判明するものでした。

その「最後」に示された数字とは、こんなものでした。

「体内年齢マイナス18歳（30歳）」

これは、無数の努力を積み重ねて手に入れた成果でしたが、結果を見た瞬間は、喜びと驚きが入り混じっていたことを今でも鮮明に覚えています。

そこから湧いてくる素朴な疑問があります。私たちの暦年齢（生まれた時からの実際の年数）と、生物学的年齢＝体内年齢の間に差が生じることは、もはや常識に近いと思いますが、体を構成する私たちの細胞は果たして、どこまで再生・修復し、若返る可能性を秘めているのか？　私は、この分野の専門家ではありませんが、自分の自己修理に取り組む中で、体の仕組みに関するさまざまな情報に触れるようになり、昨今、その再生能力に関する新たな発見が多くされていることを知りました。古代インドのヨギーたちや、漢方医学の創始者たちからすると、私たちの体が驚異的な再生能力を持っていることは、自明の理だったかもしれませんが、近代医学でもごく最近、希望と勇気を与えくれる新事実が次々にお披露目されています。その中から、興味深いものを５つばかり紹介したいと思います。

脳細胞も新生・再生する

脳細胞は、幼少期以降は新生されず、なくなっていく一方。このような話を読者もきっとお聞きになったことがあるのではないでしょうか。しかし、これはもはや過去の誤った認識でしかないことが徐々にわかってきています。まず、私たちの脳は可塑性《かそせい》があることが見えてきました。ライフスタイル、食生活、学習、精神的な衝撃などによって、脳にある神経細胞は、新しい情報伝達の経路をつくったり、脳細胞と脳細胞の間のシナプスを増やしたりするなど、まるでカタチを変えるプラスチックのように変化します（そのため、脳可塑性は、英語では neuroplasticity といいます）。そして、すごいのは最近の発見です。脳では、このような「機能的な変化」が起きるだけでなく（つまり、新しい情報経路をつくる）、一部の脳細胞が新しく生まれるという「構造的な変化」も確認できています。

神経新生

脳にある神経細胞を英語ではニューロンといいます。そのため、脳神経が新しくできることを「ニューロン新生」と呼びます（英語では neurogenesis）。一部の脳神経は、私たちが年をとっても新しく生まれることがわかってきました。主に記憶を司る後頭部の海馬は、生活習慣、その中でもとりわけ運動の量と頻度によって成長し、大きさを変えることが確認されています。さらに、再生が不可能と思われていた脳細胞（ニューロン）そのものも、プロセスは異なりますが構造的に変化します。自由自在にかたちを変える神経幹細胞（ステム細胞）によって、ニューロンが修復することがわかってきました。神経幹細胞は、自己修復機能を持っていて、複数のタイプのニューロン（脳神経）に分化することができるのだそうです。

シナプス形成

シナプスという言葉を聞いたことがあるが、その正体は「何だっけ？」という人が多いと思います。これは、脳神経の間をつなぐ接合装置と考えてください。エンジニアの言葉でいうと、インターフェイスともいえると思います。その数は、明確に特定できてはいませんが、1人の脳の中に1000億〜1500億個のシナプスが存在するといわれています。驚くべきは、人生の中でその数が最も多いのが2、3歳の幼児期であるということです。大人は、このヨチヨチ歩きの子どもの半分程度しかシナプスがないのだそうです。しかし、ここでもわかってきていることは、脳神経の間の情報伝達のために欠かせないシナプスも、どのような刺激を与え、どのような生活を送っているかによって数が大きく変わるということです。シナプスが新たにつくられる過程をシナプス形成（英語ではsynaptogenesis）といいます。これは大人でも常に起きますが、このシナプスが新たに生まれる働きは、やはり栄養状態、運動、学習の継続などによってかなり大きく変化します。つまり、私たちの暮らしによって、脳細胞と脳細胞の間の情報インターフェースを意識的に強化することができるのです。

遺伝子のオンとオフ――エピジェネティックス

ほぼすべての細胞核にある「遺伝子」（DNA）によって、その細胞でつくるタンパク質が決まります。人間のDNAの全体像をマッピングしようと、1990年から2003年にかけて、アメリカだけでも27億ドル以上がつぎ込まれた「ゲノムプロジェクト」は、この常識が前提となっていましたが、1つの驚きの発見に至りました。DNAをマッピングし、それによってそれぞれの遺伝子の働きを詳しく理解し、精密医療などに活かす目的で開始されたプロジェクトですが、人間の体の複雑さからいうとおそらく10万個の異なる遺伝子が見つかるだろうと思われていました。しかし、いざふたを開けてみると、2万個程度しか異なる遺伝子が発見できませんでした。ゲノムプロジェクトは、大失敗に終わったと指摘する声もありますが、この約2万個の遺伝子とは、ごくプリミティブな生物であるセンチュー（ワーム）の数と大差ありません。人間のすごさ（があるとすれば）、それはただ単に「遺伝子の数」が多いからではなく、遺伝子をどのように機能させているかに秘訣《ひけつ》があるということがわかってきました。

このことは、20世紀半ばから一部の学者によって指摘はされていましたが、つい最近、DNAが同じ遺伝的なコードを持っていても、その働きが環境の影響によってかなり大きく異なるという「エピジェネティックス」が世界的に注目を集めています。後の章でも詳しく触れますが、私たちの細胞は体の中で多種多様な仕事をしてくれるタンパク質をつくります。いつ、どのようなタンパク質を生み出すかは、遺伝子の構造そのものによって決定するのではなく、ある遺伝子のどの部分がオンになり、どの部分がオフのままになっているかによって変わってきます。ジェネティックスという「遺伝子科学」のより上位の存在や働きがあるということで、エピ（ギリシャ語で上）＋ジェネティックス＝エピジェネティックスが脚光を浴びるようになりました。ここでも、脳の働きと思考パターン、ライフタイルなどが、遺伝子のオン・オフ機能に大きな影響を及ぼしていることがわかってきています。

細胞分裂の回数を増やすことができる？

私たちの細胞は、分裂と再生を繰り返し、死んだ細胞が入れ替わります。その速度は、体の部分によって大きく異なりますが（例えば、腸の表面の細胞は２～４日で入れ替わるのに対して、赤血球細胞は４カ月程度かかります）、先に触れたように一部の脳細胞であっても、その新生が確認されています。分裂機能が衰え、徐々に新しい細胞を生み出す能力が低下することが「老化」の一因とされています。ここで、問題になるのは、テロメアという存在です。ＤＮＡの先端についているキャップのような存在だそうですが、このテロメアは細胞が分裂を繰り返すたびに少しずつ短くなり、そして、ついに細胞分裂に必要な長さを維持できないところまで減っていきます。そこで、さらなる分裂が不可能になり、細胞が死にます。

しかし、このテロメアの長さも、やはり完全に決まっているわけではありません。これまで見てきたのと同様に、私たちの思考とライフスタイルによって変化する可能性があるといわれ、健全な細胞分裂を繰り返せる期間を延ばす可能性もあるのではないかと指摘する研究者が増えてきました。一方で、これを「若さの泉」と思って喜ぶのは、間違っているようです。際限なくテロメアが活性化し、細胞分裂が続くと、これはガン発生の原因にもなるとされています。すべては、やはり中庸の道が最善といえそうです。

ここまで、「素人が、素人のために書いたもの」であることをお許しください。ワクワクするような新事実が最新の科学によって明らかになってきたことが、少し伝わりましたでしょうか。私たちの生命力は、持っている遺伝子によって決定づけられるものではありません。生まれ変わらないと思っていた脳細胞も、そして脳の構造も大きく変化します。体のビルディング・ブロックである細胞も、その分裂できる回数が決まっているわけではなく、上記で紹介したテロメアを自分の意志と暮らしによって延ばすこともできるかもしれません。当然、テロメアによってのみならず、細胞の健康に私たちは意識的にかなりの影響を与えることが可能です（第18章）。

体の再生能力を、自分の人生におけるさまざまな選択によって上下させることができるのです。これが、本書でいう「体の場」におけるリーダーシップに通じる大切な認識でもあります。再生能力を高める最初のステップは、体の声に耳を傾けることです。その上で、体力維持・回復のためのライフテックを継続的に実践することが必須になります。

第16章
体の声に耳を傾ける――ボディ・アウェアネスの強化

私たちは、近代が進むにつれて、「分人」になってしまいました。自分たちを自然から切り離しただけでなく、肉体の変化にも鈍感になり、体の声が徐々に聞こえなくなってきました。それが「分人」となった私たちの現状です。文明の利器によって生活は確かに便利になり、医療の発達のおかげで、かつて不治の病とされていた疾患の多くも治せるようになりました。その結果、20世紀だけで地球人口の平均寿命は、約32歳から約66歳へと倍増しました（さらに、2021年には、71歳越えへと）。凄《すさ》まじい伸びですが、それでも、自分の体と再びつながる「全人」への回帰こそ、現代人が健康的な日常を送るための大切なテーマだと思っています。

私が長期の不調に陥り、森を散策しながらあれこれ考えていた時、この回帰の目標をhomo holos（ホモ・ホロス）と名づけることにしました（全人）。面白いことに、英語の健康＝healthや、癒やす＝healの語源は、「全体・完全性・欠けていることがないこと」を意味するギリシャ語のholosにあります。

このhomo holos、すなわち「全人」への回帰の旅は、どこから始まるのでしょうか？　答えはいたってシンプルです――体の変化に対する察知能力やその変化の自覚を高めるボディ・アウェアネス

（身体意識）の向上がスタートラインです。そして、このボディ・アウェアネスとは、何も不可思議で小難しいことではありません。腹式呼吸をしないとだめだとか、おへその下にある丹田《たんでん》を見つけて感じてくださいなどといった、ちょっと私のような忙しい凡人にはできそうもないようなことでもありません。それらに意味がないというつもりはありませんが、身体意識を高めるのは、もっと当たり前で、日常的に無理なくできることです。私の経験に基づいて、ボディ・アウェアネスを高める４つの角度を紹介したいと思います。

呼吸の意識

呼吸は、私たちの細胞に酸素を届け、そして細胞から二酸化炭素を捨てるという、生命維持の上で最も大切なプロセスの１つです。呼吸が滞ればたったの４分程度で脳に障害が発生し、個人差はあるものの４～６分で死亡します。第14章でも触れましたが、呼吸が一時的に停止することを経験した人であれば、死がそのすぐ先に待っていることを意識させられます。呼吸の重要性の割に、おそらく読者もそのトレーニングを受けたことがないのではないでしょうか？

私たちが肺から吸い込む空気に含まれる酸素は、血液という素晴らしい全身輸送手段によって体中の細胞に、一瞬にして届けられます。赤血球に含まれるヘモグロビンというタンパク質は、24時間３６５日酸素を細胞まで運搬し、そして有難いことに届けるだけでなく、廃棄物処理業者として、復路では二酸化炭素を載せて、肺にバトンタッチし、体外に排出します。通常は考える必要もない極めて高度ながら自然に動くメカニズムですが、強い精神的ストレスに直面しているときや、首、肩、背中の筋肉が凝ってしまったとき、呼吸は短く、浅くなります。さらに、頸椎《けいつい》や胸椎のずれや損傷によっても、呼吸が乱れることがあります。個人的にも、上半身から背中の下までの極度の凝りと、頸椎の怪我（並びにそれによる胸椎への影響）によって、何年にもわたり苦しい呼吸に見舞われました。

どのように呼吸を変えるか、それが本質的に何を意味するか、さらに、内なるストレッチとしての呼吸の素晴らしい働きについては、後の章で詳しく取り上げますが、第一に、呼吸の状態をないがしろにせず、自分なりに点検することをおすすめしたいと思います。短さと浅さが見つかれば、黄色信号です。

胃腸の意識

胃腸の状態は、さすがに日常の中で意識する人も多いと思います。さまざまな調査があり、正確な数字は把握しにくいところがありますが、日本では約半数の人が「自分は便秘だと思う」と答えています。現代人のかなり大きな健康課題です。

3食を決まった時間に食べるという現代社会の掟によって、私たちの胃腸の働きが乱れることがあります。この「3食」は、何も肉体的な必然性があるのではなく、むしろ労働力として人を上手に使いこなすために、20世紀以降に広く普及し、徹底された慣行です。エジプト文明をはじめとする古代文明を調べると、1日2食が標準でしたし、実は、日本の江戸時代も「朝食」と「晩食」の2回が一般的だったそうです。

今となっては、この1日3食の習慣から簡単に抜け出せないと感じる人が（私も含めて）多いと思いますが、それならせめて食べる量と質（内容）によって、自分の胃腸の働きがどう変わるか、散歩やランニングといった運動によってどんな効果があるかなど、素直に胃腸の声に耳を傾けることを試みるべきです。

筋肉の状態と凝りの意識

肩凝りは胃腸の不調と並んでの国民病ですが、その多くはやはり体のちょっとした変化に気づけなくなった私たちの無頓着さに由来していると思います。肩凝りのみならず、首凝り、腕凝り、背中凝りなどへと広がり、体のさまざまな生命維持機能を圧迫し始めます。このことは、私自身も厳しいかたちで体験しました。首が痛い、肩が痛い、上腕が痛いのが、いつの間にか「当たり前」のことになり、その痛みを無視するうちに慢性化し、凝りの面積としつこさが悪化します。マッサージに行って緩めてもらっても、すぐさま元の状態に戻ります。血流が悪くなることはいうまでもありませんが、背中の筋肉が柔らかく維持できていることは、同時に深い呼吸の前提条件でもあるため、凝りは早めに気づき、取り除きたいものです（多くの人は認識していないと思いますが、腰のすぐ上に位置する左右の筋肉が凝ると、本来の呼吸ができなくなってしまいます）。

筋肉に適度の柔らかさが維持できているのが健康な状態であり、痛みが生じたらそれに目をつぶることなく、対策を講じることが必要です。マッサージや鍼灸などを使うのもよいと思いますが、いざ自分で緩める習慣をマスターすると、執筆時の著者のように非常に多忙な日常であっても、肩凝りと完全に無縁な日々を送ることが可能になります。体が極度に凝ってしまい、筋肉を押すだけで悲鳴を上げるほどの重症を、何年にもわたり経験している、私の実体験からいえることです。筋肉の状態は、日々のちょっとした努力によってかなり大きく変化しますが、ここでもやはりその異常シグナルを認識するところから始める必要があります。

関節の意識

人間の体には、206本の骨がありますが、不思議なことに関節の数に関しては、1つの明確な「正解」が存在しません。関節の定義によって、250～350個あるといわれていますが、その中には生命維持機能に決定的に重要な役割を担う頸椎、胸椎、腰椎も含まれる他、屋台骨として機能する肩、股関節、膝、肘、さらには、足首、手首なども含まれます。筆者は、頭蓋骨と第一頸椎、頸椎と胸椎の間、第4と第5胸椎の間、さらに四十肩による厳しい神経痛を患ったのに加え、肘のねじれや手首、膝、股関節の痛みなど、ありとあらゆる関節関連の症状を経験しました。そのいやな道の途上で、後に紹介する簡単な自己治癒テクニックも身につけましたが、あるとき、背骨について読んだ一フレーズが、今も脳裏に焼き付いています。「You are as old as your spine（あなたは、背骨以上に若くなることはありません）」という一文です[*17]。「背骨」とは、首の1番上にある第一頸椎から、お尻のところにある尾骨までを指します。頭蓋骨の穴から直接下につながるものを除いて、すべての神経はこの背骨の椎（＝関節）の間から体の左右につながっていきます。それゆえに、若さの秘訣の1つが「ここにあり！」といっても過言ではありません。姿勢、ストレッチ、筋肉のほぐしと、ちょっとした自己修理の実践によって、関節の状態は驚くほど改善します。

ボディ・アウェアネス（身体意識）を4つの角度から見てきましたが、読者にとって気になるところが他にもあるかもしれません。ぜひ、本章の最後に少し立ち止まっていただいて、どこまで意識を体に傾けられているかを確認してみてください。

私たちが「分人」から「全人」へと回帰するにあたって、ボディ・アウェアネスの向上は入口になります。そして、その旅の上で気づくことがあります——現代医療が手術や薬を通じて対応する「病」は、私たちが人生の中で経験する不調、肉体的なアンバランス、疲労などの、最後にくるステージに過ぎないということです（急性の疾患は別として）。病になる前の段階において、現代医療はほぼ解を持っていません。「予防医療」といったりしますが、病が発出する前の段階ではいわゆる「医療」

ではなく、違った対応が必要です。事実、私が7年にわたる厳しい肉体的不調を経験した中で、通常の「医療機関」が何か適切な診断を下し、効果ある治療を処方できたことは、一度もありませんでした。東京の有名病院や、能力の高い医者を転々と回り続けたにもかかわらず、です。

しかし、先人たちはしっかり体の変化と、不調から病に至る過程を観察し、体系化してくれていいます。次の章では、インド古来の生命科学アユルヴェーダの興味深い捉え方を紹介しつつ、私たち1人ひとりが持つべきマインドセットならぬ「ヘルスセット」について考えていきます。

第17章

不調から病への「6つのステージ」

まじめで忙しいサラリーマンをイメージしてみてください。仕事に対する責任感が強く、振られるタスクをすべて「ちゃんと」こなそうとする結果、就寝時間は午前零時、やがて1時や2時になる日も増えていきます。夜遅くまでオフィスに残って、帰りにはビールを飲みながらチャーシューメンを食べるのがほぼ日課になっています。ある日、睡眠負債と食生活の乱れによって、体の調子が少し乱れていることを感じ始めます。しかし、まじめなため仕事のリズムを変えることができず、そのうちアンバランスが軽い不調へと悪化、そして体のさまざまな部分に広がり始めます。首が痛い、胃腸が機能しない、腰も痛む、寝たいのに寝られない……このような生活を数年続けていると、ついにその不調は体のある弱い部分に局所的に現れ始めます。胃腸炎かもしれませんし、いや、初期ガンへと発展していっているのかもしれません。それでもしばらく彼は踏ん張るのですが、ある日、定期健康診断で「病気」であることが発覚します。遅きに失した感があり、医者からは「これはすでに慢性化してしまっています。長い闘病生活になるでしょう」と告げられてしまいます。

これはつくり話ですが、決して非現実的な想像ではないと思います。このかわいそうなサラリーマンの不調から病への悪化のステージは、インドの生命科学アユルヴェーダでは緻密に整理されています。私は、自分の長い不調と対峙する中、西洋医学も含め古今東西の医学、治療法などを勉強し、その一部を試してきました。その中で、約2500~3000年前からインドで体系化され始めたアユルヴェーダにも出合い、貪欲に勉強しました。生命を意味するサンスクリット語のアユースと、知識や科学を意味するヴェーダからできた言葉ですが、その中には、実は「健康」と「病」の明確な境界線が存在しません。アユルヴェーダでは、健康的な状態から不調を経て病に至る過程を、6つの段階に分けています。

①蓄積（ストレス、体内の毒素など）
②拡散（そのストレスや毒素が体に広がる）
③悪化（初期症状が徐々に悪化する）
④局所化（体の特定の部分で著しい悪化が起こる）
⑤発症（症状が出始める。ここから「病」といえる）
⑥慢性化（急性の状態から慢性的な疾患へと変わる段階。ここまでの悪化を許すと、不可逆的な変化が細胞に起きることも）

不健康な働き方と生活を続けたまじめなサラリーマンの話の中に確かに見え隠れする6つの段階です。漢方の世界でも「未病」という概念があります。これは同じような発想ですが、アユルヴェーダの面白さは上記の６つのステージに分けて捉えているところです。厄介なのは、健康診断で特定ができ、近代医療で対処できるのが、主に最後の２段階であるということです。これはこれで重要ですが、前の４段階で喘《あえ》いでいる人が、古代インドだけでなく現代社会でも極めて多いのが事実です。医者に行っても説明がつかないため、「不定愁訴」や「自律神経の問題」と片づけられたり、はたまた「メンタルですね」と、一種のレッテルを貼られたりする場合もあります。肉体的不調を訴えている本人として、このような診断ならぬ診断は、余計にストレスになることも少なくありません。

ボディ・アウェアネスを高める1番の狙いをアユルヴェーダ流にいえば、最初の４段階での変化を感じとる肉体的感覚を研ぎ澄まし、「アンバランス」(不均衡）を早期に発見することに他なりません。アンバランスが生じること、ストレスに直面すること、一時的に無理をすることは、誰もが必ず経験することですし、それがなければ私たちはさほど成長もしないでしょう。一定のストレスは精神を鍛え、体を強くします。しかし、第1や第2の段階あたりで感じとって、早期の「リセット」が必要になります。個人的に、疲労をリセットする習慣を身につけることに成功しています。可能な限り「２日間をワンセット」と捉え、ある日、夜更かしして睡眠が不足すると、次の日のスケジュールを調整し、バランスを取り戻すようにあらかじめ考えます。これがしかし、仕事上そううまくいかないときもありますね。その場合は、「週末リセット」がキーになります。これも逃してしまうと、危険になり始めます。２週間や３週間もリセットできずに続けると、アユルヴェーダでいう第３（拡散）、第４（局所化）の段階へと不調が徐々に進行し、そのうちリセットをしようとしても簡単にできなくなります。しまいに、慢性化まで進んでしまうと、月や年の単位がかかることになります。

ヘルスセットを意識して生きる

私たちには、「マインドセット」、言い換えれば思考パターンがあります。自分が歩んだ人生の道の中で徐々につくられた考え方があり、日々、それを思考と行動のデフォルトとして起動して生きています。マインドセットを変えることはもちろん可能ですし、その手立てについては第1部でさまざまな角度から見てきましたが、カナダ人のリーダーシップコーチ、ロビン・シャーマに言わせれば、私たちには、「マインドセット」だけでなく、計4つの「内なる世界」が存在します。

「マインドセット」に加え、心の持ちよう「ハートセット」、人間性や魂の状態「ソウルセット」、そして、本章で重要になる「ヘルスセット」があるといいます[*18]。後者のヘルスセットは、私たちの暮らしに組み込まれた健康維持のための思考、行動、習慣を意味します。体調管理をないがしろにせず、また手あたり次第に行うのではなく、日々のルーティンに組み込み、習慣化することで「ヘルスセット」ができあがっていくという考えです。20代、30代はこのヘルスセットをさほど意識しなくても無理が利くかもしれませんが、40歳前後になってくるとそうはいかなくなります。自分の体を大切なアセットと捉え、そのアセットを健全に管理するか否かによって、将来的なリターンが大きく変わってきます。「マイナス投資」ばかりをしていては、将来的に負債が発生します。肉体が徐々に衰えていきます。このマイナス投資には、不健全な生活習慣のさまざまな要素が含まれていますが、第20章以降ではそれを逆転させるため、私なりに整理している包括的な見方を紹介します。

いずれにせよ、マインドセットを意識的に変えることができるのと同じように、ヘルスセットも自分で組み立てたり変えたりすることができます。これは、医学や予防医療以前の話です。ヘルスセットをつくる努力を怠ることもできますが、ほぼ確実にそのツケを払うことになります。第1部で紹介したように、「カルマ」とは今の思考と行動が生み出す未来の結果ですが、肉体に関しても全く同じことがいえます。ややこしいのは、かなり長いタイムラグがあることです。不健全な生活を続けても、すぐに結果が表れるとは限りません。３年、５年、10年のタイムラグがあってはじめて、アンバランスが悪化し、広がり始め、病の発症へとつながっています。

身体意識を高め、ヘルスセットを築くためには、もう一度体の最も基礎的なビルディング・ブロックである「細胞」について考える必要があります。直接触れることができないこの素晴らしいタンパク質工場とどう付き合えば体を上手に管理し、より健康的で明るい日常を送れるようになるのか――次の章で５つのアングルから見ていきます。

第18章
細胞の環境を変え、健康増進を図る

直径0・02ミリ（1ミリの50分の1）の超ハイテク・スーパーミニ工場が私たちの体の中で絶えず生命維持のために稼働しています。これが、人間の細胞です（実際はさまざまな大きさの細胞が存在します）。簡単に数えることができないため、正確な数は把握できていませんが、30兆～60兆個の細胞があるとされています。

地球上の生命は単細胞から始まりましたが、それでは発展・成長に限界があったため、太古の昔（少なくとも15億年以上前[*19]）、複数の細胞は共同体をつくり、役割分担を図ることで新たな成長のステージへと進んでいきました。その後、どんどん分業を続け、人間のように多種多様な働きをする複雑な構造の細胞が30兆個以上も協力し合い、生命維持という大仕事をこなせるようなりました。神秘以外の何ものでもありませんし、知れば知るほどありがたい存在にも感じられます。

この細胞という生命維持工場でつくられる「生産物」は「タンパク質」です。人間の体には、10万種類以上のタンパク質が、常に体の至るところで愛ある戦士や働きバチのように仕事をしてくれています。誰もが知っている代表的なタンパク質をいくつか挙げると、血糖値を調整するインスリン、皮膚を健全に保つコラーゲン、前の章で紹介した酸素運搬を担当するヘモグロビン、さらに免疫機能の要である抗体や、飲み会終了後にぜひ大活躍を期待したいアルコール分解酵素も、皆タンパク質です。

同じ遺伝子のどの部分が実際にタンパク質をつくるかは、エピジェネティックスのくだりで見てきたように、環境や私たちのライフタイルなどによって大きく異なります。正確な数字はつかみにくいですが、同じ遺伝子で１００種類のタンパク質がつくれるという研究があります[20]。ＤＮＡ（つまり、タンパク質製造のための青写真）のどの部分が読まれ、タンパク質を製造するかは、これまたタンパク質が影響しています。さらに、細胞膜にもさまざまな機能を果たすタンパク質が埋め込まれ、外部とのやり取りを担当しています。文字どおり細胞の中と外のゲートのような役割を果たし、例えば輸送担当タンパク質は栄養素を取り入れ、老廃物を外に出したりしますし、リセプターと呼ばれる他のタンパク質は、外からくる神経伝達物質やホルモンのやりとりをコントロールしています。

細胞のすごさには敬意を払わざるを得ませんが、いざ健康増進や不調・病を考えるとなると、ここで１つの問題にぶち当たります。裸眼で見ることのできない私たちの小さな細胞の中に入って、そこに壊れた製造設備があったとしても、自分ではどうにもそれを治すことができません。実験室の試験管であれば細胞の操作はある程度可能ですが、私たちの日常の暮らしの中で「細胞の中に入ること」は不可能です。私自身、健康を取り戻そうとした過程の中で、このジレンマに遭遇しました。「細胞が生命回復・維持のために最重要であることはよくわかったが、それに対して、私自身は一体何ができるのだろうか」と……。

その答えには、しかしすでに本書で何度か触れています。細胞核にある遺伝子は、重要な製造マスタープラン（青写真）ではあるものの、どの部分がどのようにスイッチオンされ、結果的にどんなタンパク質がつくられるかは、環境・暮らし・ライフスタイル・思考によって大きく変わります。細胞の中と外のやりとりに関しても同じことがわかってきました。何を取り入れ、何を排除するかも決まっているのではなく、常に細胞を取り巻く環境との双方向のやりとりの中で決定します。ここまでくると、読者もおわかりだと思います――細胞の中に入ることができなくても、細胞の環境を変えることは可能であり、それによってその働きも大きく変化します。

私も、このように気づいたものの、そこでさっそく次の疑問が湧いてきました。「細胞の環境を変える」ためには、何をどのように工夫したらよいか？　自分なりに至った結論を紹介したいと思います。図18-1に挙げる5つの観点から、誰でも自分の細胞の環境を変えることができますし、それを意識して行うことは本書でいう道場の「体の場」におけるリーダーシップの発揮をも意味します。

精神的環境	Mental Environment
物理的環境	Physical Environment
酸素環境	Oxygen Environment
栄養環境	Nutrition Environment
休養・活性環境	Rest-Activity Environment

図18-1　細胞の5つの環境

精神的環境の改善は、どのようなストレスレベルに直面しているかを認識し、自分としての対応能力の限界値がどこにあるかを見定めるところから始まります。精神的なストレスに直面することなく強靭な人間にもなれませんし、一度や二度ボスに怒られたり、夫婦喧嘩をしたりするだけでメンタル不全になってしまうのも困りますね。しかし、長期にわたって自分の対処のキャパを超える耐え難い精神的なストレスを経験すると、それは次の章で触れる神経系などを通じて、直接的に肉体に影響を与えます。精神的ストレスに関する冷静な現状の見極めと、自分のキャパを引き上げるためのトレーニング（第1部）に取り組み、それでも状況を変えられない場合は、そのストレスの原因となっている人、組織、場などと距離を置くか、決別する必要があります。

物理的環境には、2つの側面が含まれます。1つは、例えば寝ているベッドの状況、座っている机の高さや、パソコンを使う時の首の位置などがあります。もう1つは、住んでいる場所の空気や騒音などといった側面です。これが直接細胞の働きに影響を与えるのは当たり前のように聞こえるかもしれませんが、例えばノートパソコンの多用で常に首が不自然に曲がっていたり、画面の見過ぎによる目の疲労があったりしても、多くの場合はタイムラグをもってその影響に気づきます。ボディ・アウェアネスを高めながら、悪化、拡散、局所化しないうちに、物理的環境の改善要素を検討してみるところに価値があります。

酸素環境と栄養環境はある意味同じような性質を持っています。どちらも、外の世界から、肺や胃腸を通じて、細胞に必要な栄養が行き渡るか否かがポイントになりますが、取り組み方が大きく異なるため、2つに分けています。酸素環境については、やはり呼吸の質が極めて大切になります。個人的にもヨガを学び、その中で複雑な呼吸法もあれこれ究めようとしましたが、途中でそのすべてを諦めました。激しい呼吸法による弊害もあり、また日常の中で大半の人は複雑・難解な呼吸法を続けることができません。呼吸は、ゆったり、深くすることだけを意識し、継続的に取り組めば大丈夫です。呼吸を解放するためには、筋肉を緩め、柔らかくてしなやかな体をつくることもカギとなり、後の章でそのやり方を紹介しますが、いずれにしても、酸素環境の改善は自分の「呼吸スタイル」を点検するところから始まります。

栄養環境は、改善が大切であると頭でわかっていても、飲食を通じた他者との交流や、それ自体が人生の大きな楽しみの1つである人が——私も含めてですが——多いのではないでしょうか。そのため、栄養環境の現状確認ができても、なかなか行動変容に至らないケースが珍しくないと思います。ここでも、何もヨギーや仙人になる必要もなければ、よっぽど厳しい病でない限り禁欲的になる必要もないと思います。

英語には、you are what you eat（あなたは、食べるものでできている）という言い方がありますが、これは私から見ると少し誤った表現です。正確にいえば、you BECOME what you eat と捉えた方がよいはずです——つまり、あなたは、今食べているように「なっていく」のです。その「なっていく」には、何年もの遅れが生じるため、行動変容が起こしにくくなります。一見遠い自分の未来のために、今の楽しみを諦められないわけですが、難しさがあるのは認めるとしても、一度は自分の栄養環境の総点検を行い、後に紹介する改善策を取り入れ、できるところから着手するのが肝心になります。

最後の**休養・活性環境**は、少しわかりにくいかもしれませんが、細胞の健康増進においては非常に重要です。これはつまり、「休み過ぎてもよくないし、活動ばかりしていて休みが足りないのもいけない」ということを意味しています。体を動かすことのない日々を送ると筋肉が衰え、血流が悪くなり、その結果、細胞に届けられる酸素と栄養の量も減っていきます。適度に体も頭も使うことが大切ですが、一方で、十分な休眠もとらず、ひたすら動き続けていても、今度は疲労の蓄積から始まって、第17章で見たあのアユルヴェーダでいう不調から病への段階に少しずつ入っていってしまいます。まさしく「休養」と「活性」の自分にとっての最適バランスを見つけることがポイントになります。

次の章に進む前に、一度この５つの環境の確認をしてみてはいかがですか？「すべて問題なし！」と言い切れるなら素晴らしいですが、おそらくどこかの側面で改善を図れる人が大半だと思います。体の中で、想像を絶する働きを続けている30兆以上の細胞と、愛の戦士として働き詰めのタンパク質に感謝の気持ちを込めて、ぜひ一度細胞を取り巻くご自身の環境についてチェックしてみてください！

	現状とは？	気になることは？	可能な改善・対策とは？
精神的環境			
物理的環境			
酸素環境			
栄養環境			
休養・活性環境			

※**現状**については、強み・プラス面の表記も OK です。**気になること**は複数あるときもありますし、このチャートでは書き切れないかもしれませんが、ぜひ詳しく・具体的に洗い出してみてください。**対策**に関しては、すべて自分 1 人でとれるものばかりである必要はありません。

図 18-2　細胞の 5 つの環境――現状と対策のチェックリスト

第19章

神経という不思議な存在との付き合い方

２００８年冬、ＮＴＴ東日本の幹部層向けの講演を控えていました。その日の朝、右後頭部から体の右側に沿って足の裏まで、明確に「電気信号」と感じとれる衝撃が走っていました。何度も繰り返し起きていましたが、この症状が発生すると右足で体を支えることができません。力が抜けて、踏もうとすると体が右側へと倒れそうになります。なんとか家にあった傘を杖代わりに使いつつ、ＮＴＴ東日本の本社ビルに向かい、最終的にはおそらく誰も気づくことのないうちに、講演を無事終了することができました。

このエピソードの犯人は神経系です。首上部の怪我による神経へのダメージが原因だったと思いますが、「犯人」を罵《ののし》るより、そいつの基本を理解しようと闘病生活の中では体に張り巡らされている神経系とその機能についてありとあらゆる角度から学びました。そうこうしているうちに、次々に興味深く、また意外な事実が浮かんできました。そのすごさをできるだけわかりやすく紹介し、日常生活の中で活かせるヒントをいくつか取り上げます。まず、しばし神経系の概要説明にお付き合いください。

＊

神経系には、脳と脊椎からなる「中枢神経系」と、そこから体の至るところに配線されている「末梢《まっしょう》神経系」があります。脳から直接伸びていく脳神経は12本、頸椎から尾骨に至るまで、背骨の椎の間から体の隅々にまで伸びている神経は31ペア存在します（それぞれ、左右に伸びるため、「ペア」となっています）。この抹消神経は「センサー」の役目と、体の各部位や細胞を動かすための「指令送信経路」の役目を果たしています。これが最も根本的な構造です（図19-1参照）。

末梢神経系の中には、私たちが意識的に動かせるものがあります。「足を前に持っていって、走るぞ」だったり、「お箸をつかんで、ご飯を口まで運んでいく」などといった筋肉の動作は、意識的に使えるものであり、体性《たいせい》神経系といわれます。脳からの指令が出され、末梢神経系を通じて、足や手などを動かします。

抹消神経系のもう1つに、読者もおそらく頻繁に耳にされる「自律神経系」があります。飛行機に例えると、オートパイロットのような存在で、心臓のリズム、呼吸、体温調節、ホルモンの分泌など、いちいち気にしていられないが生命維持に欠かせない

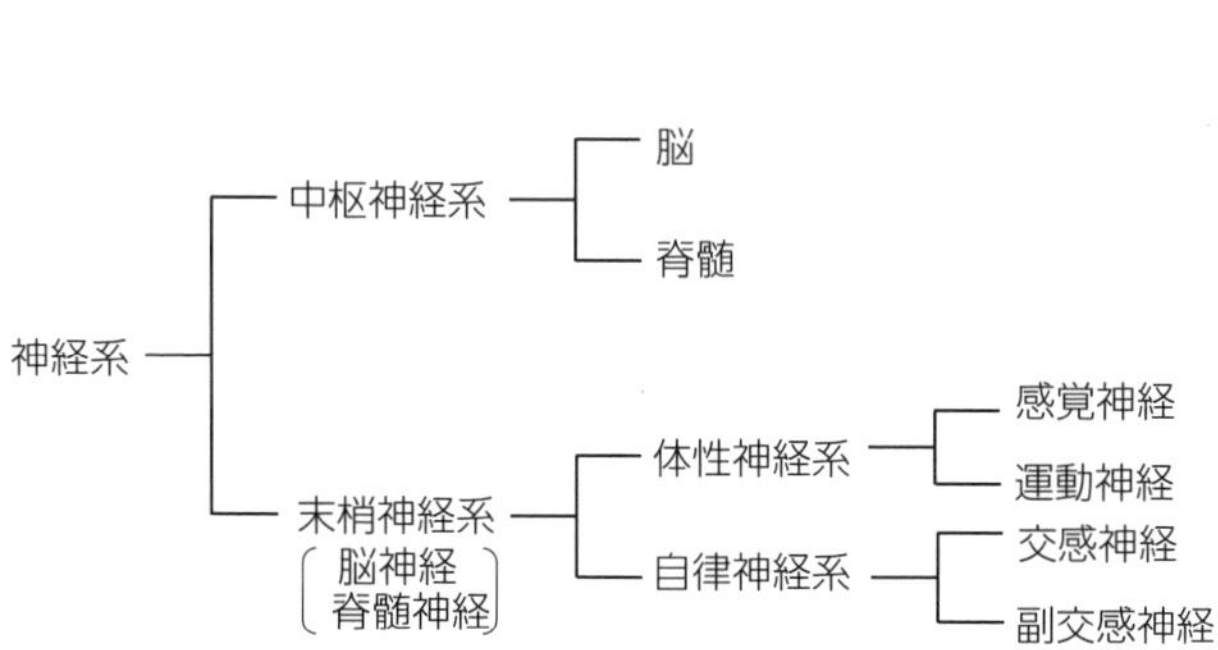

図 19-1　神経系の全体像[*21]

体の機能を司っています。

ここまでは、さほど理解しにくいものがないと思いますが、次に、自律神経をさらに分解してみましょう。脈や呼吸のテンポを引き上げ、筋肉により多くの血液が流れるようにすることで体をアクティブなモードや、危機対応モードに切り替えるための「交感神経」と、反対にリラックスを促し、腸やその他の臓器の働きに重要とされる「副交感神経」があります。この2つは、肉体的な存在（物理的な神経経路）である側面もありますが、神経系の作動モードとして捉えるべき側面もあります。同じ臓器（例えば心臓）に対して、交感神経と副交感神経の両方が働きかけますが、素早い危機対応で身に迫る危険を回避することが必要な場合は、交感神経がボス的な存在になります。例えば、道路を渡ろうとした時に車に接近され、危機一髪で逃げるときは、脈と呼吸が速くなり、筋肉にはバカ力が働き、体全体が交感神経の素早い機能によって動かされます。その時に起きるのは、短期でのサバイバルに必要のない臓器への血流などの制限です。「車に殺されそうになっているのだから、お昼に食べた定食の消化は少し待ってくれ！」と、交感神経が支配的になります。リラックスをもたらし、腸のみならず体の多くの臓器や生命維持機能の長期的な健全性に影響を与える副交感神経は、それに従わざるを得ません。

さらに——これを、私はかつて知りませんでしたが——自律神経系には「3つ目の存在」があります。それは、腸管神経系です。他の神経系はワイヤーのような存在で体の末端に接続されているのに対して、腸管神経系は消化器官から腸までの内側に貼られているメッシュ型の存在です。この神経系のすごさは、脳と独立して動くことができるところです。そのため、「第2の脳」ともいわれ、近年その働きが注目されるようになりました。自律神経系の一部であるに変わりはないのですが、ストレス、不安、緊張などに対して、腸管神経系はかなり敏感に、そして独自の判断基準で活動します。

さて、ここまではご理解いただけましたでしょうか。神経系も当然細胞によってできていますが、ここで次にその主役であり、かなり特殊といえる「神経細胞（ニューロン）」のことを、もう少し詳しく紹介したいと思います。ニューロンや、その間のインターフェースであるシナプス（神経細胞の間をつなぐ極小空間）は、脳にだけ存在するものだと以前は思っていましたが、これは大きな勘違いでした。神経細胞は、確かに脳や脊椎に由来しますが、その神経は全身に伸びていっています。そして、シナプスも脳に存在するだけでなく、体中に神経細胞とその他の細胞の間のリレー役として存在しています。簡単なイラストで神

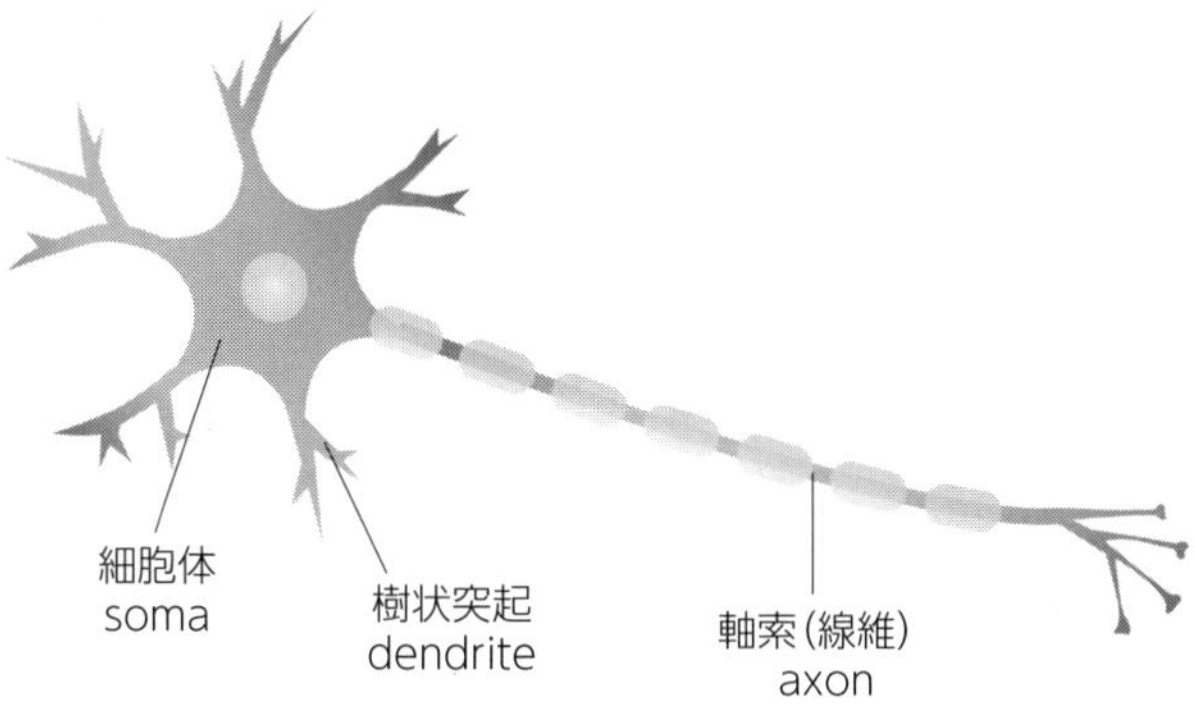

図 19-2　神経細胞（ニューロン）の構造

経細胞の構造を確認します（図19-2）。

　多少単純化して説明します。細胞本体に加え（細胞体）、環境や体の変化を察知する樹状突起と、主に体の末端にある細胞まで指令を送る軸索があることがわかります。最も長い軸索は、腰あたりから足の指に伸びるもので、1メートル前後の長さになります。首の付け根辺りから指まで伸びていく軸索も1メートル近い長さになることがあります。これが「神経細胞」であることも驚きだと思いますが、興味深いのはここだけではありません。脳からの指令をこの長い細胞の配線に沿って早く送るため、電気信号のような形態をとりますが、シナプスまできて他の細胞や臓器と接続する場合は、化学物質で伝達します（電気信号が化学信号に変換されます）。これが、神経伝達物質という存在です。

　そして、ここでもう1つの驚きがあります。私たちが通常「ホルモン」と捉え、脳や体にある分泌器官でつくられると思っているものの一部は、実はシナプスで大役を果たす神経伝達物質でもあります。例えば、愛情や友情を深く感じるときに出るオキシトシンも、その他の「幸せ物質」といわれるドーパミンやセロトニンなども、ホルモンであると同時に神経伝達物質でもあります。これがなぜ大切になってくるかについては、このすぐ後、神経系の「応用編」のところで触れたいと思います。

＊

　私たちの日常の暮らしに話を戻したいと思います。まず、本書の分脈からいうと神経系が重要なのは、「心」と「体」をつなぐ存在であるためです。私たちが幸せを感じているときも、ストレスに喘いでいるときも、それぞれ自律神経の働きや、シナプスで放出される神経伝達物質に直接影響を与えます。一時的なストレスで交感神経が優位になっても問題ありませんが、現代社会で見られるのは長期のストレスやスマホ、パソコン、ゲーム、騒音などによる継続的な高刺激です。自律神経は常にストレスモードに入りがちで、これが継続すると、あの自律神経失調症のような疾患を患います。こうなると、副交感神経によるリラックス効果を必要としている臓器の働きが低下しますし、悪さはそれにとどまりません。脳と脊椎を衝撃から守り、温度調節などもしてくれる髄液なるものがありますが、この髄液の生産も副交感神経が正常な働きをすることが大切です。つまり、ストレスでがちがちになっている精神と体では、脳と脊椎の緩衝材の役割を担う髄液（緩衝材をはるかに超えた複雑な役割を担っています）も正常につくれなくなり、脳と背骨を十分保護することができません。

さらにですが、神経細胞とその他の細胞の間の大切なリレー役を担う神経伝達物質に関しても、心身のストレスが高い場合は、アドレナリンなどストレスホルモンと同じ物質が放出されます。同じシナプスでも、細胞と細胞の間に交わされる命のメッセージは、ネガティブにも、ポジティブにもなり得るのです。

進行性のある神経の病気はさておいて（それについて、本書では何も手立てを提案できません）、私たちが日々暮らす中で経験する神経疾患や不調は、筋肉の凝りによる圧迫、頸椎や脊椎の椎のずれなどによる圧迫、そして私も経験したような軽い怪我によるダメージが代表的なものです。人生の中で、大半の人がどこかで経験するものです。そこで、本章の最後に朗報をお届けしたいと思います。

かなり厳しい神経の不調を患っても、ほぼ完全にそれを消すことは可能です。簡単にはいきませんが、私の実体験からいうと、第14章で紹介した多種多様な症状をほぼすべて治すことは可能です。

もう1つの朗報は、これまで紹介したような生き方に徐々に切り替えていけば、自分で放出するホルモンのみならず、神経伝達物質にも好影響を与えることができることです。翻弄されるのではなく、自らの精神と肉体をリードすることで、意識的に、そしてかなり高い確率で将来の体を変えることができます。そのためには、無理なく実施できる生活習慣と、ちょっとしたライフテックが必要になります。次の章では、いよいよそのテーマへと進んでいきます。

第20章

6つの生活習慣が人生を変える

体を再生させる（細胞の環境を改善する）ための6つの生活習慣と、10の具体的な生活術＝ライフテックを紹介します。机上の空論ではなく、すべて私が学び実践し、効果を実感したものばかりです。いずれも簡単に、特別な道具を使わずに、また大きな経済的負担を強いられることなく実行できるものです。唯一必要なのは、自らを再生させていくという決意と、続けるための一定のしぶとさです（これはこれで結構大変だったりしますが）。

ここでおすすめする生活習慣やライフテックは、何も医療の重要性や効果を否定するものではありません。必要な場合は、医療機関にお世話になることも必要ですし、私自身も4回ほど入院し、治療や手術も経験しています。しかし、体の根本的なバランスは自分で維持し、また多くの不調や健康課題を自ら治すことができるだけでなく、体質改善も同時に図られるため、メリットが大きいと思います。当然ですが、これから紹介するさまざまな習慣やテクニックは、すべて読者ご自身の判断にて、無理をしないかたちで実践してみてください。

6つの生活習慣とは、「食事」「呼吸」「運動」「入浴」「睡眠」「姿勢」になります。6つの要素はやや記憶しにくいところがありますが、最初の1文字をとれば「たこ・うに・すし」になり、覚えやすくなります。

食事（た）

食事は、摂取するマクロ栄養素（タンパク質、脂質、炭水化物）の割合や量も重要ですが、ここでは微量栄養素と食物繊維、そして、タンパク質・脂質・炭水化物の質に着目します。微量栄養素（ビタミン、ミネラル、果物や野菜からとるファイトケミカルなど）を摂取するために、サプリメントは本来要りません。次のような基本を「そこそこ」守れば、十分な栄養がとれます。

①多種多様な野菜（海の野菜＝海藻を含む）を食べる。
②果物（生、ドライフルーツ）を食べる。
③白い粉／白いご飯／白い砂糖はなるべく避け、荒い穀物、全粒粉、玄米、天然の砂糖と塩を食べる。
④発酵食品やねばねば食品を食べる。
⑤間食にナッツやドライフルーツを取り入れてみる。

食物繊維は、白い粉、白いご飯を避け、多くの野菜と果物を食べることによって摂取できますが、おからのような日本ならではの素晴らしい食材もあります（なんと、おからの50％以上が食物繊維です）。

良質なシリアルや海の野菜（モズク、昆布、わかめ、ひじきなど）も豊富な食物繊維源となります。

タンパク質の質を高めるには、大豆を中心とした豆と、魚による良質なタンパク質の摂取を増やし、肉の消費を減らす、もしくはなくすことが基本となります。

脂質の質を高めるのは、植物性脂質（ナッツ、種子、大豆など）を増やし、肉より魚を食べることによって可能となります。

炭水化物の質的向上は、白いご飯、白いパン、白いうどん、白いパスタなど質の低いでんぷん系の炭水化物を減らし、全粒粉、雑穀、玄米に（一部でもよいから）切り替えることと、野菜・果物からの良質な炭水化物の摂取を増やすことによって可能となります。

食事の内容と取り方に関してはさまざまな説が混在しますが、流行に惑わされることなく、体の声に耳を傾け、「当たり前の日常に、ちょっとした変化」を取り入れることで十分な改善をもたらせます。食事は我慢して取るのではなく、楽しく、おいしくいただくことが継続のカギになります。食生活の大切さを軽視する人は（特に不調に陥ってしまっている場合）、いくら他のことでがんばっても調子が快方に向かいにくくなります。

呼吸（こ）

呼吸が浅く短くなることによる弊害については、すでに見てきましたが、酸素供給量が減るだけでなく、血液から二酸化炭素を取り除く能力も不十分になり、次第に血液の酸性化が進み、それが関節痛をも引き起こします。呼吸は、酸素や二酸化炭素の循環だけがポイントではありません。意識的に自律神経に影響を与えられる最重要な方法の1つが呼吸であり、骨格（特に脊椎・頸椎）の歪《ゆが》みを正すことにも、役立てることが可能です。

ストレスや疲労に由来する疾患の多くは自律神経の乱れが引き金となっていますが、深く、ゆったりした呼吸を実践することによって、その乱れを徐々に修正していくことが可能です。多種多様な呼吸法が存在しますが、細かいテクニックを気にする必要は皆無です。ただし、1つだけ継続的な実施によって副交感神経を強くできる簡単な方法を紹介したいと思います。息を吸う時間より吐く時間を（できれば倍以上に）長くするというものです。例えば吸いながら4まで数えると、吐きながら8まで数えるだけです。少々時間はかかりますが、自律神経を安定させる働きを促すため、その継続的な実践をおすすめしたいと思います。

骨格の歪みも修正できるとは意外に思われるかもしれませんが、呼吸をする時は、腰から首に至るまで脊椎周辺の筋肉を多様な形で活用します。そのため、首の付け根～肩～肩甲骨～背中～腰が凝ると呼吸も必然的にしづらくなります。一方で、脊椎とくっついている多くの筋肉を使っているからこそ、呼吸を用いて骨格の歪みを正すことも可能です。背骨をまっすぐにして座り、ゆっくり脊椎の一番下から背骨を引き上げるようなイメージで深く長い呼吸を上へ上へとすることで、それぞれの椎の間にスペースが生まれ、少しずつ歪みを内側から自然に矯正することができます。脊椎の下から頸椎あたりまで「呼吸を引き上げた」後に、身体を軽く揺らしながら息を吐き、リラックスします。この動作を、（体調に耳を傾けつつ）毎日しぶとく行っていくと身体が柔らかくなり、背骨の歪みが緩和されることを実感します（ただし、場合によっては年の単位の忍耐力が必要です）。

運動（う）

運動（特に体が不調の場合）は、いわゆるスポーツというより、ウォーキング、ストレッチや体操、ソフトなヨガや太極拳をおすすめしたいと思います。ジョギングなど関節に負担をかけるきつめのスポーツは、特に骨格・神経関連の問題がある場合は、むしろ症状の悪化をもたらしかねないので、注意して取り組むことが必要です。

ほどよいテンポのウォーキングは、いくつものよい効果をもたらすと実感しています。足腰を鍛え、血液の循環を促進し、それにより体全体に栄養素がより順調に行き渡るようになることはいうまでもありませんが、メリットはそれに限った話ではありません。同時に、継続的に20～30分歩くだけで、体の椎や関節は自然に正常な位置に戻ろうとすることも感じてきました。さらに、胃腸の働きにも絶大な効果を発揮します。便秘気味な人は、毎日のウォーキングが腸の動きを活性化し、排便を促します。さらに、外で一定の時間ウォーキングなどをすることで、寝つきもよくなります。

ウォーキングの他に、体を柔らかくするストレッチ・体操・軽いヨガの定期的な実践も効果的です。筋肉を柔らかくし、関節に柔軟性をもたらすことで、体に巡るべき多様なエネルギーや体液がより順調に回るようになります。体が柔らかければ、どこかを傷めたり、怪我したりしにくくなります。ただし、ストレッチ・体操・ヨガ・（あるいは太極拳）の実践にあたっては、注意が必要です。頑張り過ぎると関節などを痛め、本末転倒になりかねないので、体が温まっている状態で、常に無理をせず、少しずつ行うことが大切です（私自身も、ヨガで頑張りすぎて股関節にいらぬ負担をかけたという経験をしています）。

入浴（に）

個人的な体験からいえば、体（特に神経系）に深い変化を短時間でもたらし得るのは、睡眠と入浴しかありません。睡眠は神経系をリセットする作用がありますが、お風呂も傷んだ関節や筋肉を緩め、神経を鎮静化させる素晴らしい効果があります（上手に行ったヨガや、深い瞑想《めいそう》によっても短時間で体に抜本的な変化を引き起こせるようですが、特に後者に関して私は修行が足りず、まったくそのようなことはできていません）。

療養生活を続けていく中で、私は夜お風呂に入るだけでなく、朝～お昼頃のどこかで朝風呂にも入り、その後、15～20分布団で横になります。布団の中で、体がポカポカと温まっている快感をじっくり味わいつつリラックスすると、それだけで体調が大幅に改善します（英国の偉大な首相だったウィンストン・チャーチルも、戦時中も含め必ず昼間にお風呂に入り、その後少し昼寝をしていたといいます。それによって「1日で2日分の仕事ができる」と、彼は周囲に語っていたようです）。

シャワーも、特に朝はマッサージの代わりに使ったりしますが、なかなかこれだけでは体の深部体温を高めることができません。表面だけでなく、体の内部に至るまで体温を約1度上げる入浴（お風呂）の効果は非常に大きいです。その効果を得るには、40℃前後のお湯（季節によって体感温度は変動します）に、少なくとも10分程度浸《つ》かることが欠かせないと思います。

睡眠（す）

睡眠はいうまでもなく重要ですが、「質のよい睡眠を長時間とらねば！」と神経質になりすぎるとむしろ逆効果です。人間は、続けて「質のいい睡眠」を毎日7～8時間とらなくても十分健康的に生きられます。夜中のうち、3～4時間の深い睡眠がとれれば、その他が浅かったり、何度も起きたりしてもすぐに病気の原因にもならなければ死にもしない、というのが私の実感です。当然、睡眠負債はためたくありませんが、必要以上に神経質になることもないと思います。

最悪なのは、長期にわたって睡眠薬に頼ることです。医者は、日欧米のいずれにおいても平気で睡眠薬を処方しますが、長期の服用は自律神経を乱し、自然に睡眠に入るメカニズムに影響し、その他にも十分解明されていない副作用を疑わざるを得ません。日本の医者も非常に無責任に処方する場合が少なくありません（私も、睡眠障害が最も厳しい時、何カ月にもわたり睡眠薬を処方されるがままでした）。海外では「2週間以上の服用は避けるべきだ」とされる入眠剤でも、「これはいい薬だ」と言って、かなり長期にわたって処方し続ける医者に出くわしました。

もしも、仕事をするために長期にわたって睡眠薬に頼らざるを得ないのであれば、その状況に甘んじることなく、必要であれば仕事を休職し、体のバランスの正常化に専念した方がよいと思います。私も、仕事を続けることが目的で入眠剤を長期服用していましたが、これが闘病生活の中での最大の後悔です。医者の中に、「この睡眠薬は依存性がないから大丈夫だ」と主張する人もいますが、これは無責任な発言です。長期服用だと、少なくとも精神的な依存性をもたらすのが睡眠薬の性質です。

よい睡眠は、何より体を動かすこと（運動）から得られます。可能な限り、1日のうち1～2回は（できれば外で）本格的に体を動かすと、それによるほどよい疲れで入眠しやすくなるだけでなく、途中覚醒も少なくなり、目が覚めた後の「二度寝」に入りやすくなります。肉体的にきつい仕事をする人はそれだけで十分な疲労感があり、よく寝つくことも多いでしょうけれど、オフィスワークだと体をほとんど動かさない上、1日中交感神経を刺激するパソコンの前に座っていて、眠りにくくなるのも無理はないでしょう。

寝つきをよくし、途中覚醒をなるべく少なくするために、他にもできることがあります。寝る前にパソコンを使わないこと、直前にテレビを見ないこと、寝る数時間前は食べないこと、そして、夕食後は水分をとり過ぎないこと（夏はもちろん熱中症に要注意）です。睡眠が浅い人は、トイレに行きたいことで簡単に目が覚めてしまいます。

睡眠薬の代わりに、夜ゆっくりお風呂に入ることも非常におすすめです（ただし、寝る直前は逆効果です）。午後はカフェイン飲料を避け、神経を鎮めるハーブティーを飲むのも一案です。カフェインの血中での半減時間は約6時間といわれていますが、自分なりの1日の許容量を超えると（私の場合は2杯程度）、かなり長時間の覚醒効果が残ってしまいます。神経をほどよく鎮めてくれるハーブティーには、パッションフラワー（Passion Flower）、ヴァレリアン（バルドリアン）（Valerian/Baldrian）、セントジョンズワート（St. John's Wort）、カモミール（Chamomile）など、さまざまな種類があります。これらは、残念ながらあまり美味ともいえないため、ミントなどと混ぜてミックスティーをつくると飲みやすくなります。

姿勢（し）

たこ・うに・すしの最後は、姿勢です。その重要性を私たちは軽視しがちではないかと思います。特に（ラップトップ）ＰＣなど電子機器を多用する時代において前屈になる危険性が高く、とりわけ頸椎に大きな負担をかけます。頸椎の付け根に手を当て、頭・首をわずかに前に傾けてみると、小さな前屈度でも大きな負担が首の付け根にかかることがよくわかります。長時間本を読む人、スマホにくぎづけの人も姿勢に要注意です。前屈気味の生活を続けると首と上半身（胸あたりまで）が特にダメージを受け、そのうち神経症状や呼吸のしづらさとして表面化します。

自分が前屈の姿勢（猫背または首と頭だけが前にきている）になっているか否かを確認する簡単な方法があります。まっすぐな壁に腰と肩甲骨が軽く触れるように立って、後頭部の位置を見ます。自然に、どこにも特別な力を入れることなくこのように直立した時、壁と後頭部の間にかなりの開きがある場合は、高い確率で前屈になっています。後頭部が完全に壁に触れないとしても、数センチ以内の開きにとどまっていれば、正しい姿勢をとっているといえます。

姿勢を直すには、もちろんヨガや体操も役に立ちますが、最も重要なのは日常的な動作の中で（パソコンを使う時、本を読む時、歩く時など）、姿勢を意識し、徐々に直していくこと。一度悪くなった姿勢を短時間で直そうとするとどこかを痛めてしまう危険性があり、徐々に正していくことが賢明です。

生活習慣は、「習慣」であるから効果を発揮します。短期間で大きな効果を期待するより、第1部でも触れた「マイクロ習慣」が重要です。ここに書かれている以外にも、読者がすでに取り組んでいることや、関心のある習慣もあるかもしれません。あえてジム、スポーツクラブなどに通い、他人と一緒に取り組むことによって継続力を上げられる人もいると思います。マイウェイを見つけること、無理をしないこと、そして続けることが成功のカギです。

第21章
ライフテック――体のバランスを保つ・取り戻す10の技

心メーターを較正するライフテックがあるのと同じように、体のバランスを保ったり取り戻したりするための技も多く存在します。これまで試してきた中から、実際に継続し、効果を実感したライフテックを10個紹介します。

①プチほぐしとプチストレッチの習慣化

「手当て」は素晴らしい日本語です。最高の医者は自分であり、どこでも、いつでも手当てを施すことは可能です。必要なときはマッサージや指圧などに通うのもよいと思いますが、せいぜい1週間のうちの1～2時間程度で、しかも特定の場所に足を運び、そこそこのお金を払わないといけません。それに対して、自分で行う手でのほぐしやセルフマッサージは、時間的な制限もなければ、一切の不便もありません。隙間時間は、プチほぐしやプチストレッチに最適の時間でもあります。

首、肩甲骨周辺、腕などは、毎日触れたり、擦《さす》ったり、揉《も》んだりすることで緩められます。該当箇所の筋肉に力が入らない姿勢をとって、ゆっくり優しく手や指で揉んだり、痛くなったところを少しほぐしたりするだけです。数分から十分程度で驚くべき効果を発揮します。腹部や腸（横になって実施）、足、足裏、手の平もすべてこのプチほぐしのよい対象です。

併せて腕、足などをぶるぶるさせることで、頻繁に緩めることもおすすめです。バス停で待っている時などに、アキレス腱、太ももの内側、手首などのプチストレッチも効果的です。どれも派手なものではないため、その「教室」もなければ「流儀」もありません。時には周囲に少々変人と思われてしまうこともあるかもしれませんが、絶大な効果を発揮します。少し凝ったり、体の動きが悪いと思ったら、ぜひ、このプチほぐし＋ぶるぶる＋プチストレッチを実施してみてください。

②頭皮マッサージ

私が毎朝必ず実施していることの1つに、頭皮マッサージがあります。指先で軽く刺激をしつつ、頭の前、後ろ、側頭部を擦ったり、揉んだりします。第22章で紹介する「朝のルーティン」の定番メニューの1つになっています。頭皮には多くの神経が流れていることもあり、その活性化にもつながりますし、血流もよくなります。血流がよくなることによって、研究では育毛の効果も報告されています。その信ぴょう性を判断できる立場にありませんが、より多くの栄養素と酸素が頭皮の中にある毛細血管や、髪の毛を包む毛包に届くのは、悪いはずがありません。何より、私は自分の体で頭皮マッサージの確かな効果を実感しており、年365日行っています。

③耳、目の周辺、側頭部を擦る、揉む

頭皮マッサージの「親戚」に耳、目の周辺、そして側頭部のセルフマッサージがあります。耳に多くの神経が集まっていること（東洋流にいえば、多くのツボがあること）は、もはや常識に近いかもしれませんが、私も神経症状が激しかった時、必ず耳のある部分が痛んでいました。今でも疲労が蓄積すると、耳全体が不快になり、ある個所を揉むとそこに痛みが生じていることがあります。耳たぶのみならず、耳全体をつかんで揉んだり、あるいは手の平や指の甲で擦ったりすることで、すぐに実感するのは血流の活性化（耳が熱くなる）ですが、自律神経全体にもよい効果があります。

併せて、毎朝目の周辺（眉毛の上、横など）を手の平で軽く擦っています。目の周辺にも多くの神経が存在し、その中でも頭部最大の神経である三叉《さんしゃ》神経が重要です。耳のちょっと前あたりから、目の上につながっていて、さらに目の下や顎にも伸びていっています。顔面神経痛（これも長年経験しました）の悪玉でもあるこの三叉神経は、目の周辺を手の平でマッサージし続けることで、働きが正常化すると実感しています。

耳、目の周辺に加え、同じ時に実施するのは、側頭部のマッサージです。ここでも主に手の平を、擦るように当てています。このすべてをやっても数分しかかかりませんが、頭の周辺がすっきりするだけでなく、継続的に行うことで全身の健康に好影響があります。

④乾布摩擦

「皮膚を擦るな」と主張する人がいますし、特に顔面に関しては禁物だとされています。私の経験からすると、それはほぼナンセンスです。自分で軽く擦ったり、揉んだりすることは、皮膚を元気に保つ秘訣の1つです。皮膚に害を与えるのは、むしろ石鹸《せっけん》、洗剤を使って頻繁かつ丁寧に洗うことだと思います。

お風呂やシャワーから出た後の乾布摩擦も非常におすすめです。体の水気をとったあとに、同じタオルで足、腹部、腕、背中を軽く擦るだけです。これは何分もかかりませんが、血流の促進など大きな健康効果があります。強くやり過ぎない限り、皮膚に悪影響はありません。

⑤鼻洗い

アユルヴェーダなどには昔から塩水で鼻、鼻腔を洗う技が紹介されていますし、現在もそのための専用道具、ネティ・ポットや塩水が販売されています。それはそれでよいと思いますが、個人的には時間もなければ、ポットや塩水を用意するのも面倒で、いちいちやっていられないのが現状です。しかし、鼻の中を洗い流すのは、風邪の予防などに大きな効果があることは間違いありません。

そこで、私はこの10年以上、道具も塩水も使わず、普通の水道水を軽く鼻に吸い込んで、そこそこの勢いで吐き出します。最初は少々鼻の中が痛いかもしれませんが、大量かつ激しく行う必要はありませんし、そのうち完全に慣れてきます。今となっては、朝晩必ず実施していますし、昼間でも鼻がむずむずしたりすることがあれば、すぐに鼻洗いをします。おかげで、基本的に風邪をひくことがありません。

⑥舌を磨く

最近は歯ブラシや専用ブラシで舌を磨く人が増えていると思いますが、これは口臭をなくすためによいというだけでなく、自律神経にもよい影響を与えます（体の最も長い神経である迷走神経は自律神経の中心的存在ですが、これが舌の一部ともつながっています）。「歯ブラシで磨くのはＮＧ」とする広告などもあり、専用の「スクレーパー」を買うことが勧められますが、私の経験からすればごく普通の歯ブラシで全く問題ありません。当然、強く磨くのはおすすめしません。

⑦足湯

足湯は、旅先の観光スポットにあるちょっとした温泉というだけでなく、即時的かつ確かな体調回復をもたらす治療法でもあります（その時、「あしゆ」ではなく、「そくとう」といわれることが少なくありません)。風邪をひきそうになったときや、体が冷え切って震えそうなときに大きな効果をわずか10分程度で実感します。

46~48度程度のお湯に、足をくるぶしの上まで入れて、赤くなるまで温めます。お好みでバスオイルやアロマオイルを入れるのもよいと思いますが、それがあってもなくても効果は大きく変わりません。

⑧水で目の周辺を洗う

体の不調が厳しい時、目の周りが強烈な疲労感や不快感に襲われることがあります。そこまでの状況でなくても、1日活動をするとなんとなく目の周りに疲労感が蓄積するときがあると思います。医学的なメカニズムは知りませんが、出先でもどこでもすぐさま効果を発揮する必殺技は、やや冷たい水で目の周りを軽く洗うことです(洗剤は要りません)。神経の一種のリセットが起きると感じます。このちょっとした技で何度助けられたかわかりません。

⑨ホットタオルや塩パックで患部を温める

50度前後のお湯に小さめのタオルを浸してから絞り、肩、首、後頭部、上腕、肩甲骨の間などに当てます。お湯にアロマオイルを加えるのもよいと思います。何度か温め直して、位置をずらしながら凝っている箇所、神経痛が起きている箇所、痛んだ関節をゆっくり温めます（急性のねんざなどの場合は温めるのではなく、冷やすことが基本なのでご注意を）。温め直しは、電子レンジでもできます。

　同じような、しかもかなり長時間の効果は、「塩パック」で得られます。布の袋に約1キロの塩を入れ、袋を完全に閉じて（塩が外に出ないように）、電子レンジ（500～600ワット）で約1～2分温めます。よく温まった塩パックを脊椎や頸椎、腰などの凝っている部分、または痛んでいる部分に当てます（塩がかなり熱くなることもある点だけは気をつけてください）。数十分間にわたって、塩は熱（赤外線）を放出し続けてくれます。

⑩「午後復活」の運動

　仕事の長い1日の中で、特に午後の真ん中あたりになると、よくエネルギーが低下します。そこで「休む」のも、もちろん1つのリセット手段でしょうけれど、個人的には「動く」方がエネルギーを取り戻すカギになる場合が多いです。他でも紹介しているリーダーシップ・コーチのロビン・シャーマは「午後復活」のためのちょっとした運動を「セカンド・ウィンド・ワークアウト」と名づけています（セカンド・ウィンドとは、エネルギーを蘇らせるという意味）。

　できれば20分程度外に出て散歩をしたり、これが無理であれば会社の目立たないところで10分体を動かしたり、ストレッチをするのでも効果があります。あえて、お客様との午後の打ち合わせの前に、1駅分を歩くのも一案です。パソコンの前で目がしょぼしょぼになりがちな人に対して、特におすすめしたい習慣です。

第22章

朝晩のマイ・ルーティンで1日を「セット」する

朝で1日が決まる！　これは、よく耳にするフレーズだと思いますが、私も全く同感です。朝の数十分のルーティンで、最高のスタートを切ることができます。そのためには、やはり入眠時間をある程度コントロールすることも必要です。年齢、体調によってさまざまですし、神経質になることはないと思いますが、例えば午前1時に就寝し、次の日の朝7時台に家を出る必要があるなら、ほとんどの人は清々《すがすが》しい、実りある朝を迎えることができません。

「私は朝型ではないし、朝こそバタバタするから、むしろ夜のルーティンが向いている」という人もいると思いますし、それ自体はなんら問題ありません。しかし、それでも朝の静かな時間を活用して、自分の肉体と脳をほどよく活性化してから動き出すのは、素晴らしく気持ちのいい習慣であり、ぜひともトライしてみていただきたいものです。

私の朝のルーティンを一例として紹介します。あくまで1人の具体例として読んでください。

起床は、日によって多少異なりますが、5時半頃に起きることが多いです。

まず、顔を洗って（石鹸は使いません）、軽く（朝一は、歯磨き粉なしで）歯と舌を磨きます。そこからが、ほぼ完ぺきに毎日繰り返されるルーティンの始まりです。
①1杯の水を飲みます（常温）。体に最初に入れたいのは、やはり水です。
②コーヒーを淹《い》れる用意をして、湯沸かし器機に水を注ぎ、そのスイッチを入れたすぐ後に、次のステップ③に進みます。
③床の上で（絨毯《じゅうたん》でなければ、極厚ヨガマットがおすすめです）、仰向けで横になります。腹筋は一切しません（腰を痛める人が多い）が、足でサイクリングをするイメージで運動します。左右の足でそれぞれ１００回です（休憩を入れてもよいですし、10回や20回から始めて徐々に増やすこともちろん問題ありません）。その後、仰向けのまま、片足での上げ下げをしたり、頭を30～40回程度床から上げて首と肩の軽い筋肉トレーニングをしたりします。併せて、両腕を（仰向けのまま）つばさのように広げて、軽く頭を床から上げつつ、腕を（広げたまま）前に軽く回転します。肩の関節を動かし、緩めるイメージです。これは、数年続けるとなで肩の補正にも抜群の効果を発揮します。
そうこうしているうちに、お湯が沸いてきます。起き上がって（そこでも軽くスクワットをしてから起き上がるステップがあります）、コーヒーのフレンチプレス（フィルターなし）にお湯を注ぎます。そこから、コーヒーができあがるまで4分かかりますので、その間はまた仰向けでエクササイズを続けます。
④③の動作をしている最中に、手の平で側頭部、目の上を軽く擦ったり、指で頭皮マッサージをしま

す。手の甲で耳も擦ります。手と指で首や肩周辺を軽く揉んで緩めることもあります。これを、多少その日の工夫を加えながら繰り返していきます。コーヒーができあがるまで全部で10分程度ですが、頭と体を「セット」する最高の時間です。血流がよくなり、体の流れが活性化し、頭がすっきりします。

⑤その後、ご褒美としてのコーヒーをゆっくり堪能します。少しだけ頑張った後のこの最初の1杯を飲む時は、至福の時間です。その日、時間がどれほどあるかによりますが、次に20分程度の読書やポッドキャストの聴講をします。その中の気づきや学びを分厚い「マイクロ学習」の手帳に書き込みます。少しずつ、知恵の詰まった1冊になっていきます。

⑥朝のニュースも、この時間に必ず確認します。海外のメディア2つ（英国の The Guardian 紙と、BBC のオンラインニュース）と、NHK のテキストニュースです。

この朝のルーティンは、1時間あれば十分実施できますが、時間が足りないときは⑤を飛ばすこともあります（朝のマイクロ学習は、自分をとてもリッチにする時間でもあり、なるべく外したくないものではありますが）。

朝散歩することが好きな人もいるでしょう。あるいは、これは私も時々行っていますが、近くの公園などお気に入りのスポットまで足を運び、しばらく目を閉じて「瞑想」のような時間を過ごすのもよいと思います。無理なく続けられる朝のルーティンを見つけることがポイントです。新しい習慣が身につくまで2カ月程度かかるといわれますが、まずはその2カ月の継続にコミットしてみて、効果を自分なりに見極めてください。おそらくやめられない大切な時間になると思います。

朝がどうしても無理な方は、夜のルーティンでもよいですし、両方できる方もいるでしょう。私個人の夜のルーティンの1つは、散歩です。仕事次第でできない日も当然ありますが、可能な限り30分以上歩きます。それによって、体（脳）は、暗い時間であり、夜が訪れていることを感知してくれますので、歩くことによる筋肉のほどよい疲労と合わせて、入眠しやすくなります。

＊

ここまでは、私のルーティンに過ぎません。ぜひご自身にフィットする最高のルーティンを見つけてみてください。高い目標を掲げずに、日常の自然な一部として取り組めるものであることが重要です。**「大きな目標＋挫折＝自己嫌悪」**より、**「小さな習慣＋継続的な実施＝達成感」**の方が、長い目で見れば結果を生み出す方程式です。なんら急ぐ必要はありませんし、いつまでに「こうならなければならない」というものでもありません。

私は、先に紹介した朝のルーティンを12年以上続けていますが、バーベルを使ったり、ウェイトリフティングをしたりしなくても、腹部、足、肩周辺、腕はほどよい筋肉がつくようになり、ビール腹とも無縁で、引き締まった体がそこそこ実現できています。誰にも実施可能なことばかりですが、他でも触れたように、多少の継続力が必要になってきます。そのためにも、完璧主義にならず「八割主義」でＯＫです。できる日、できない日がどうしても発生することをよしとし、とにかく「続ける」のです。

第 23 章
リーダーシップ道場における「体の場」

東洋では、人間が持つ生命力を「プラーナ」（インド）や「気」（中国）という言葉で表現してきました。私自身、古今東西の治療法を学ぶ中で、西洋の考えにも、東洋の考えにも深く触れてきました。そこで感じることは、「見る角度こそ違えど、生命力は東でも西でも本来同じように捉えられている」ということです。体には、驚くほど多くのものが巡っています。血液、神経伝達（電気信号と化学信号）、脳と背骨を取り巻く髄液、ホルモン、リンパ液などですが、それらの流れが順調であることが健康な状態とほぼイコールです。この「巡るべきものが、滞ることなく巡っていること」、言い換えると、西洋医学で発見・解明されてきた肉体のさまざまな「循環」のことを、東洋では「プラーナ」や「気」として表現してきたのだろうと思います。

西洋のアプローチでは「外から」「対症療法」で治すことに主眼が置かれているのに対して、東洋では「中から」「体質改善を図りながら」時間をかけて**治るようにする**ところに重きが置かれてきました。後者は、「治す」というよりは、「**治るように、バランスを取り戻し、内なる生命力を最大限に発揮させるアプローチ**」です。

西洋的な医療であるにせよ、東洋的な体質改善から見るにせよ、結論はある意味同じです。体内の循環が妨げられない生き方を意識し、あるいは本来あった循環力を取り戻すことによって、細胞を修復し、再生力を高めることができます。これを可能にするためには、西洋医学的な処置に頼らざるをえない場面もありますが、病になる前の段階では自ら発揮できる自己修理や自分医療こそ体調回復や維持の決定打です。

最後に、第2部でどのようなステップで「体の場」におけるリーダーシップを見てきたかを確認したいと思います。

ボディ・アウェアネスを高める
（＝体の声に耳を傾け、その変化に対して敏感になる）

・細胞と神経系の驚くべき再生能力を知り、信じる。
・アユルヴェーダ「病の6つのステージ」、その最初の4つのステージは、「病」ではなく、その前哨戦といえる。
・4つの観点から身体意識を高める――呼吸、胃腸、筋肉、関節

生活習慣を変え、細胞の環境を改善する
（＝体にある30～60兆個の細胞の再生能力を、日々の小さな努力の積み重ねで高める）

・細胞の環境を5つのアプローチで改善する（精神環境・物理的環境・酸素環境・栄養環境・休養活

性環境）
・6つの生活習慣を意識して生きる——たこ・うに・すし（食事、呼吸、運動、入浴、睡眠、姿勢）

ライフテックと日常のルーティンで毎日を充実させる
（＝肉体改造のマイクロ習慣で、じっくり、焦らず、無理せず、8割主義で着実な結果をもたらす）

・具体的なライフテック（体力を強くする技）を習得し、習慣化する。
・朝のルーティン（夜もあり）で1日をセットする。

「そう言われても、私はどうしてもできないし、三日坊主で継続力もない！」。このように嘆く読者もいるかもしれませんし、会社、社会、社交の場の中では、確かに体を壊しかねない義務（例えばパソコン前での長時間労働）や誘惑（主に、飲み食いですね！）があり、体の場でリーダーシップを発揮することは容易ではないときがあります。もしもそう思われたのであれば、ぜひ第1部を読み直し、その実践に焦点を当ててみてください。精神力を引き上げることで、肉体の管理もよりできるようになります。

明治時代から昭和中期まで大いに活躍し、波乱万丈の一生を送った中村天風は、「心身統一法」なるものを説き、戦後の経営者などに多大な影響を与えました。彼が指摘したように、心身が一体であることはいうまでもありませんし、心を入口にしても、反対に体の状態から考えても、常に相互作用があることも明白です。例えば、寝不足が続くと体はだるくなり、前向きな思考も持てなくなります（その時に、ぜひ未来に関する大きな決断をしないように！）。反対に、体調がよくて肉体的に順調なときは、思考も明るく、前向きになりやすい。つらい経験が重なり、ストレスが高まると胃腸が不調になり、体調が乱れますし、反対に、やりがいのある幸せな時間を過ごすと、うそのように肉体的な疲れも感じません。心と体は一体であり、切り離してしまった「分人」の私たちにとっての大きな挑戦の1つは、ホモ・ホロス＝全人に回帰することではないかと思います。

本書はこれまで、「己」と対峙し、「自分」をどのようにして律するかが主なテーマでしたが、当然、私たちは「自分ひとり」で生きることができません。他者とともに歩まずして、何ひとつ実現することもできなければ、生命の維持すら不可能です。第3部では、チーム、組織、会社でその「他者」とどのようにしてウィンウィンの関係性を築けるかを見ていきます。

第３部

間——人間関係、Anthropi、組織的リーダーシップの場

第24章

住みにくいこの世の人間関係

山路《やまみち》を登りながらこう考えた。智に働けば角が立つ。情に棹《さお》させば流される。意地を通せば窮屈だ。とかくに人の世は住みにくい。

1906年に夏目漱石が発表した『草枕』のこの1フレーズ（特に最後の部分）を、ほとんどの日本人は耳にしたことがあるのではないでしょうか。己と対峙するだけでも大変なのに、「他人」となるとさらに厄介さが増します。「自分ひとりで、好きなように生きていけたらどんなに楽か」と思いつつも、実際は、他人と一緒でなければ生きていくことができないという不思議な矛盾を私たちは抱えています。人は単体のヒトとして、精神的にも、肉体的にも生存することは極めて困難であり、どうしても人と人の間がつながれてはじめて人生を送ることができます。

「人間」という、この状況を絶妙に表す言葉はそもそも（これまた）仏教用語のようで、「人の世」を示していたそうです。私たちが身を置く人と人の世界＝場と同じですが、日本のカルチャースケープの中では、そこに多少厄介な一面が加わります。それは、「世間」という存在です。世間は英語に訳すことができない日本の概念です。社会とも明らかに違っていて、人間とも当然異なります。「世間」は、自分と関係性があり、直接知っている他人を示していて、その世間の中で、自分の価値や評価が決まります。先生、先輩、上司、親戚、地域の人々などを意味しますが、その「世間」において、自分は絶対的存在であるというより、相対的な存在として生きることを強いられます。人の目を気にするのも、「みんなと一緒に！」と母親が子どもに言うのも、はたまた、組織の明確な「ルール」があるにもかかわらず「不正」がいつの間にか起きてしまうのも、この人間関係のありようによって説明できます。組織の中で、これによって生まれるなんとも不思議な人間同士の力学については、後で詳しく見ていきます。

夏目漱石が、先の文の後に付け加えた次の一節も、忘れてはならないと思います。

人の世をつくったのは神でもなければ鬼でもない。やはり向こう三軒両隣にちらちらするただの人である。ただの人がつくった人の世が住みにくいからとて、越す国はあるまい。あれば人でなしの国へ行くばかりだ。人でなしの国は人の世よりもさらになお住みにくかろう。

そのとおりですね。他人との付き合いが厄介だからといって、無人島に引っ越しても幸せになることはありません。人がつくった「住みにくい世」の中で、自らの働きかけによって他人との関係性の質を引き上げることが、生きる醍醐《だいご》味の1つでもあります。リーダーシップ道場3つ目の場を「間」と名づけた理由もここにあります。自分と他人の間をつなぐのは言葉であり、ボディランゲージやジェスチャーであり、振る舞いです。自分と他人の間の状況を見極める能力を向上させ、関係性の質的な改善を図ることが、ここでいうリーダーシップとイコールです。パートナー、結婚相手、自分の子どもとの関係性は最も身近であり、時には1番複雑な「間」でもあったりしますが、これに関しては、第1部の内容を参照ください。

この第3部では、チーム、組織、会社という中で、他人とともに、共通の目標に向かって歩むための「リーダーシップ」の磨き方に焦点を当てたいと思います。

次の章から、いくつかの意外な事実を紐解《ひもと》きながら進めていくことになります。リーダーシップは、タイトルや肩書きと基本無縁であること。時と場合によっては、肩書きを手にしたからこそ勘違いして、むしろ他人に対する指導力を引き下げてしまうこと。「組織的リーダーシップ」として、日本でも広く論じられている欧米のメソッドやテクニックの多くは、ある理由によって、日本的な組織とそもそも不一致であること。さらにいえば、組織を成り立たせる基本的な原理そのものが、日本では根本的に違っていること……この複数の謎を解きながら、他者を上手に導けるリーダーへと近づけるための思考と具体的な行動スキルに焦点を当てます。

＊

「間」にこそ着目すべきだと思わせてくれたのは、夏目漱石ではなく、坂本龍馬です。ＮＨＫの大河ドラマを見て、幕末で日本を変えようと東奔西走した坂本龍馬の描かれ方にヒントを得ました。彼は「自分が」「俺が」リーダーになり、日本を変えるというよりは、薩摩藩と長州藩などを、とてつもない距離を移動しながらつなぎ、触媒として働き、そしてその結果として幕府が滅び、明治時代へとつながっていきました。その生き方から「間をつなぐ触媒的役割」の重要性が強く印象に残りました。

チームや組織の素晴らしいリーダーは、まず自分を徹底的に磨き（第1部・第2部）、そのセルフ・リーダーシップを持った上で、命令、指示、肩書きによって他者をリードするのではなく、メンバーがそれぞれの良さを発揮できるための触媒、言い換えればカタリストとして行動します。カタリストとしてのリーダーの行動原理を考える前に、人を巻き込める「真のリーダー」とは誰であり、そしてチームや組織の中の関係性が何によって決まるかを探ってみたいと思います。

第25章

権威・権力の4タイプと他者に対するリーダーシップの本質

サナギ族とコヒコクの険。私のメンターであり、友人だったリーダーシップ論の第一人者、今は亡き新将命さんが世に送った数々の名言から、脳裏に焼きついた言葉です。新さんは、その輝かしいキャリアで6つの外資系企業で活躍し、副社長、社長、会長を歴任し、人間と組織に関する優れた洞察力をもつ経営者でした。

彼のいう「サナギ族」とは、組織における次のような人を指しています。「〇〇長」になりたくて仕方がなく、いざなってみると、すぐに舞い上がってしまう人たちです。「〇〇長」になると、その人が組織的に見て「偉くなった」ことは確かですが、他人に対して創造的で意味あるリーダーシップを発揮できるとは限りません。

さらに、組織の中で昇進すると「役員」になることがあります。そのステージになると、コヒコクの険が待ち受けていると新さんは指摘していました。ピラミッドの頂点に近いところまで登りつめると、大手企業であれば「個室（コ）」「秘書（ヒ）」「交際費（コ）」、そして「車（ク）」がつくようになったりします。よっぽどできた人間でなければ、自分はリーダーとしての特別な能力を持っていると勘違いしやすくなります（つまり、ここに危うさが潜んでいます）。その人が得たのはあくまで組織のルールによって定められた「職権」であって、他人を活かしながら共通の目的に上手に導ける「人間力」を備えているか否かは、別の話です。この現実は、会社や行政・官僚組織にお勤めの読者であれば、きっと、どこかでご経験されているのではないでしょうか。

他者に対する影響力や権威力（英語でauthority）を獲得する方法やその分類については、これまで社会学、組織論でさまざまいわれてきましたが、個人的には次のような分類を使って考えています（図25-1）。

一般的に「リーダー」として扱われ、メディアなどに登場するのは最初の3タイプが多いと思います。いずれも「上に立つ」ことが想定され、国民、部下、フォロワーがその「下」にいるというのが真っ先に浮かぶイメージです。しかし、確実に「リーダーシップ」を発揮できているといえるのは、実は4番目のタイプのみではないでしょうか。

本書の序章と第1部で紹介しているリーダーシップの定義（共感力を高く持って、一歩踏み出すイニシアティブをと

継承・伝統による影響・権威	Traditional Authority	帝王、君主、酋長《しゅうちょう》など
組織的地位・肩書きによる影響・権威	Positional Authority	社長、事務次官など
選挙など他人の付託による影響・権威	Democratic Authority	市長、議員など
人格、振る舞い、実績による影響・権威	Moral Authority	肩書きと無関係

図25-1　他者に対する影響力・権威力の4つのパターン

り、先への道を切り拓いて、大きな善を見据えて行動する）からいえば、上の３タイプが建設的な影響力を他者に対して発揮できるか否かは――たとえ選挙で選ばれた政治家であったとしても――何ひとつ保障されたものではありません。**対人的なリーダーシップの本質は、肩書きとは一切関係がありません。**当然、王でも、社長でも、議員でも素晴らしいリーダーとして振る舞う人がいますし、そうであるに越したことはありません。しかし、それはあくまでその人が「人格＋振る舞い＋実績」に裏づけられた魅力を持っているか否かにかかっています。**いってみれば、外から与えられるのではなく、自分の中で培って、育むものでなければ「リーダーシップ」とはいえません。**

タイトルと、そのタイトルがもたらす形式的な権力は、むしろ他者に対する努力を怠るきっかけにさえなり得ます。権力を先代から継承した人や、○○長になった会社員が大きな勘違いを生む場合があるというだけでなく、時には不正や腐敗へとつながっていきます。「権力は腐敗を生む傾向にある。そして、絶対的権力は絶対的腐敗を生む」――このように警鐘を鳴らしたのは、19世紀後半に活躍していた英国の政治家であり、作家のジョン・アクトンでしたが、私もこの事実を何度か目の当たりにしています。その一例は、日産自動車のカルロス・ゴーン元社長です。日本に来て間もない頃から、私はゴーンさんの「社会評判委員会」の委員を務めていました。複数の委員が年に数回ゴーンさんと面談し、新聞記事などで彼がどのように取り上げられているかを報告し、助言する立場にいました。見事なＶ字型回復をもたらし、日産をひん死状態から救ったゴーンさんは、行動力にあふれた極めてシャープな方でしたが、彼に対してモノの言える部下はほとんどおらず、徐々に権力が集中し、最後は、あの劇的な結末に至ったのではないかと思います（当然、ゴーンさん失墜の背後に別の力があったとの見方もありますが、いずれにせよ、彼は権力とお金の蓄積によって、判断基準が乱れてしまったと思います）。

人格を磨き、振る舞いの質をどのようにして上げられるかは、本書の一貫したテーマといえますが、対人の場において、その結果として発揮できる**カタリスト（触媒）としてのリーダーシップ・スタイル**については、後ほど詳しく見ていきたいと思います。その前に、組織のありよう、特に日本的組織特有の人間関係に焦点を当ててみます。その中で、肩書きや地位こそがリーダーシップの源だと勘違いしている人に出くわすこともあれば、日本社会の歴史や文化からくる組織の力学に悩まされる場合もあります。一歩下がって、そのメカニズムの本質を理解することによって、これまで組織の上下関係に喘いできた人も、多少は解放されると思います。

第26章

日本的組織の謎を解く

私が生まれた1967年に、日本の社会学で5本指に入る古典的な名著が出版されました。東京大学で社会人類学の教授を務めていた中根千絵の『タテ社会の人間関係―単一社会の理論』（講談社）です。本書執筆時で、この本は136刷を迎え、120万部ほど売り上げている稀《まれ》に見るロングセラーとなっています。時にはユーモアを交えながら、社会学特有のドライな構造分析を展開する中で、中根教授は日本社会の人間関係、集団と組織の在り方、そしてリーダーシップについて考察しています。日本人にとっても、日本社会を理解するのに大いに役立つ1冊ではないかと思います。

約60年前の日本社会を描写している書籍ですが、そこに描かれている集団や組織の特性は、驚くほど現在の状況にも当てはまります。生活様式や流行は目まぐるしく変化しますが、その根底にある社会構造はそう簡単に変わるものではありません。私は、1980年代後半に初めてこの本の主張に触れ、それ以降、日本社会の特異性を理解するための拠り所のような存在です。

私なりの結論の1つは、日本が「枠の社会」であるということです。場としての枠、道徳的な枠（社会規範による）が個人の価値と行動をかなりのところまで規定する社会です。仕事生活の中で、多くの人は今も自己紹介する時に「○○社の田中です」のように、最初に外なる枠を語り、一個人としての特徴をほぼ打ち消します。大学に関しても同じですね。「東大卒業」というだけで周囲が畏敬の念を示したりしますが、そこで「何を勉強し」、それを使って「何をしたいか」は、ほぼ問われることがありません。この現象のおかしな「派生」を、私は何度も経験しています。「コペンハーゲン大学卒業」と言うと、日本ではどうやらそれが「東大卒」と同じように聞こえ、一瞬で尊敬されたりしますが、デンマークでは大学の序列はなく、「大学名」より「学部と専門性」に意味があります。

日々使う言葉の中で、個人の主語があまり使われないのもまた、この文化的な特徴を表しています。「私は～」という個人の主張を強調するより、主語をあいまいにして、枠（集団）と自分の間の区別すら見えないようにしています。第1部で取り上げた「価値観」の生成・維持の過程にも、この社会モデルの強みと課題が見え隠れしますが、本章では、「集団」や「組織」の在り方にどう影響を与えるかに焦点を当てていきます。中根教授は、集団が成り立つ方法が基本的に2つあると指摘しています。

「資格」の共通性による集団形成
「場」の共有による集団形成

資格とは、ある特徴や専門性を持った人が集まって「集団」を構成する場合です。一方で、場とは、ある場を共有するだけで、なかば自動的に集団と見なされるパターンです。日本は、いうまでもありませんが、主に「場」によって集団が形成される社会です。それによって、上で紹介したように「全体の枠」が最重要視され、その枠の中で個々人がどんな「資格」を持っているかは、二の次です。よって、個人の専門性も、そしてその思いや夢も組織の中ではさほど大きな意味を持ちません（会社員のエンゲージメントが低調になるのも、理解できますね）。

わかりやすい例の1つは、労働組合の在り方です。デンマークでは、個別企業の枠を超え、個人が持つ専門性＝資格によって労働組合が形成されます。例えば、住宅の配管工事を仕事にしている人は、そのために全国をカバーする「板金・配管労働組合」なるものが存在します。一方、日本では、そもそも労働組合がない場合も多いのですが、大手企業では読者もご存じのように組織内の「タテ」の労働組合が活動しています。欧米から見たら、かなり摩訶《まか》不思議な組織にすら映る場合があります。「対立」のために存在するのではなく、「並立」がここではポイントだと中根教授は言います。これは、「場」が集団形成の要件である日本社会において、当たり前の労働組合の在り方です。

このような事例は後を絶たないのですが、より詳しく知りたい方はぜひ『タテ社会の人間関係』をお読みください。ここでは、日本の集団や組織が「場の共有」によって設定され、至るところに「枠」が「個」に優先するということを、まず確認しておきたいと思います。その場の中で、あの「世間」という、つかみどころのない人間同士の関係性が生まれてきますし、「能力主義」を半世紀以上前から謳っても、タテの序列思考が幅を利かしてしまいます。「先輩」「後輩」という言葉も、場の構成員である社員が自ら連発し、1年入社が異なるだけで非公式な序列ができてしまう組織構造になります。

1960年代の日本的組織について、中根教授が見てきたことは、現代の組織でもしばしば見られます。彼女は、ある大手企業の幹部社員との会合について、面白おかしく書いています[*22]。

そんなある会合で、「我が社はほかと違って、アメリカ式の能力主義を採用し、民主的な経営をしています」などと、上座にいる部長などが誇らしげにおっしゃり、課長・係長は「いかにもそのとおりで」などという反応を（それぞれのポストに応じた体の動かし方で）されるので、私はおかしさを必死にこらえて、「そうですね、アメリカの能力主義の日本版を実現されているのですね〈中略〉」と答えるのがせいいっぱいでした。

場におけるタテの人間関係が重んじられる組織構造において、上に対する忠誠心は、組織が持つ客観的な「ルール」に勝ってしまうケースが日常茶飯事です。「コンプライアンス規定」では、「こうしてはいけない」と明確に書かれていても、現場では厳しい業績目標を達成するために、先輩が取り始めた「近道」が横行し、その部や課の上職者が敷いた暗黙のルールは、たとえ社内規定に違反しても優先されます。絶対的なルールよりも、それぞれの場の中の相対的な人間関係の方が力を持ちます。ここに、次々に、同じような不正が日本企業で発生する真因の1つが潜んでいるのではないかと思います。

このような組織では、「新しいこと」を一生懸命に起こすより、集団の秩序と安定の維持が評価されます。個人の思いを捨ててでも、全体の目標達成のために尽力することが期待され、多様性——特に思考の違い＝認知的多様性——は逸脱と受け止められやすい。個人的主張を展開する人は、「目立ちたがり」として非難される危険にさらされます。最近、中途採用が増え、転職が当たり前になり、そしてZ世代以降は価値観も大きく変化しているといわれ、確かに一部の組織には新しい風が吹いています。しかし、日本的組織の「型」は、何百年もの歴史と精神的バックボーンである儒教によってつくり込まれているため、変化はゆっくりしか起きません。

1960年代中盤にすでに「能力主義」が叫ばれていたことが興味深いのですが、最近の欧米発のマネジメント・テクニックで注目されている1つに「ジョブ型雇用」があります。これまでは、日本的組織の特徴をよく反映している「メンバーシップ型雇用」が主流でした。とにかく「この場に加わって、集団の一員となり、素直に学び続ければ、必要なスキルを伝授します」といった雇用モデルですが、これでは競争力、生産性、働き手の幸福度のすべてが低調になりかねないため、「ジョブ型」が一世を風靡《ふうび》しつつあります。企業や組織が求めるスキル・経験・資格を持つ人材を、職務内容を明確にして採用する雇用方法です。「資格」による集団形成が主流の国において、これは当然視されてきた採用と雇用の在り方です。個人的には、ジョブ型への移行に大賛成ですが、そもそも資格によらない「場型組織」の日本において、根底にある風土・風習・管理者の思考を刷新しない限り、おそらくさほど大きな効果を発揮しないでしょう。

このようなことは、欧米から導入された他の多くのマネジメント・テクニックでも見られてきました。例えば、1990年代初頭に日本経済のバブルが崩壊すると「リストラ」が盛んにいわれるようになりましたが、欧米で本来、組織改革や組織とビジネスモデルの再構築を意味していたこの言葉（restructuring）は、いつの間にか日本では「解雇」を意味するようになってしまいました。「私はリストラされました」は、英語では全く意味をなさない一文です。このような例はいくつもありますが、導入されたテクニックは「アプリ」のようなものだとすれば、それを起動するための「基本ソフト＝組織風土」も改良を加えないと、本来意図していた効果は期待できません。

さらに、興味深い現象が起きています。欧米型の企業組織に関する古典的なモデルを、電話会社AT&Tの経営者を務め、後に経営学者になったアメリカのチェスター・バーナードが1938年に提唱しています。バーナードは、組織が成立する要件として、3つを挙げていました。

共通の目的（パーパス）があること
構成員がそれに向かって、前向きに協力し合うこと
組織内のコミュニケーションが効果的に行われていること

さらに、長きにわたって企業がサバイブするためには、2つの条件を満たす必要があると、彼は指摘していました。1つは、達成すべき共通の目的に対する「効果」を生み出し、その過程において社員の能力などのリソースを「効率的に」活用することです。

20世紀前半に発表されたこのセオリーは、ごもっともな内容ですし、今でもうなずけるところが多々あります。しかし、ひょっとしたら日本的な企業組織が成立する要件も、生きながらえる条件も、まるっきり違っているとしたら、どうなるのでしょうか。日本のように「場によって集団」が形成される場合は、その場に加わっただけで「組織」の一員となり、当然「共通の目的」はあるものの、それに特に社員の納得感は必要がありません。会社が設定した事業目的を達成すべく、文句を言わず邁進することが、これまで期待されてきました。さらに、場にいるメンバーは同じような「部族」を構成しているため、協力し合って目的に向けて歩調を合わせるのは当たり前です。プラス志向のインセンティブ（バーナードの理論）が必要であるというより、全体の方針に協力しない人は場にいられなくなり、村八分にされます。そして、日本の場合は、「コミュニケーション」も、組織を成り立たせるために必須というのではなく、基本、上層部が決めたことを現場に「浸透」させるために存在します。企業が生きながらえる条件として、「効率」が日本企業で必要だったかどうかについてでさえ疑問符がつきます。これまでは、個々人の知識と意欲など、組織内のリソースを効率的に活かすというより、場を構成するメンバーは、お互いをバックアップし、必要があれば長時間働いて「頑を張る」ことが美徳とされ、それによって共通の目的の達成に向けて前進することができました。

日本特有の組織モデルを変えようと努力を重ねている経営者も、新しい働き方を志向する働き手も増えています。しかし、日本が枠の文化として築き上げてきた「型」や「道」の効力は凄まじいものです（これは、翻って日本社会の強みの一部となる場合もあります）。一夜にして変わることはほぼ不可能で、やはり組織のリーダー層には、深く掘って、組織文化の基本ソフトを再インストールするぐらいの覚悟が必要です。その過程は、しかし、上層部に対してこそ脅威ともなりうるため、必要なスピードと深さで進んでいる（大手）企業や行政組織は、まだ少ないと感じます。

個人的には、非常に多くの日本企業と接してきた中で、このあたりが歯がゆくて仕方がありません。「生産性」が低いと論じられ、確かに「国際競争力」の観点から見ても、その改革が求められているでしょう。しかし、それよりはるかに重要であり、大きな損失といえるのは、大量の人間の「無駄遣い」や「もったいなさ過ぎる活用方法」が横行していることです。

私自身が経験し、見てきた「日本的組織」を取り上げた後に、いよいよその中で、肩書きの有無にかかわらず目指せる創発的でポジティブなリーダーの在り方へとコマを進めていきます。

第27章

デンマークの「ビジネス人類学者」が見た日本の組織

「鬱陶しい！」。

あまり怒ることのない私は、東京都○○区の職員数名を前に、左手の平に右手の甲をたたきつけて、このように吐き捨てました。時は2005年、LOHAS（健康と環境を志向するライフスタイル）が日本で最盛期を迎えようとしていた頃です。東京の中でも大きな存在感があるこの○○区でLOHASにまつわる大規模なフェスタを開催しようと、話がいいところまで順調に進んでいたのに、途中から、区の職員は難しいこと、できない理由、前例がないことによる難しさ、そしてこれまでの政策との折り合いの困難さを語り始め、しまいに、私の怒りを買うことになりました（そして、案の定、そのフェスタはお蔵入りすることになりました）。

この職員たちは、自分でもその鬱陶しさを理解していたのか、それともただマゾだったのかはいまだによくわかりませんが、怒られて当然のような顔をされ、怒り返すこともなく、むしろ恐縮していました（そして、面白いことに、私が当時経営していたコンサルティング会社で、その直後に同じ○○区と約500万円の（別の）契約を交わしました。私の怒りの一撃は、どうやら想定内の出来事だったかもしれません）。

1995年から日本で仕事をしていますが、さまざまな組織と接し、その一部に入り込み、また、いくつかの組織の立ち上げにも携わってきました。代表的なものとして、次のものがあります。

・ベンチャー企業・出版社の共同創業
・グローバルに活動するNPO法人の立ち上げ
・地域企業、中小企業との協業
・省庁・都・区・県・市などとの仕事や受託プロジェクト
・多数の大手企業とのコンサル・協働プロジェクト・共創活動
・大手企業の社外取締役としての経営参加

深く関係した組織には、少なくともこれだけのものが含まれます。しかし、その「参加」の仕方は、日本人の場合と決定的に異なるところがあります。デンマーク生まれの私は、なかば「ビジネス人類学者」として、時には参加し、時には観察をする立場で日本の組織と関わってきました。「人類学者」といえば、まず連想するのは次のようなことではないでしょうか。アマゾンの奥地やアフリカの農村で、異なる価値観と生活様式を持つ「部族」に入り込み、長時間にわたりその一員として生活をともにしつつ、一方では、部外者として少し引いた観点から観察もします。私もまさしく文化を異にする日本的組織の「部族」に入り込み、ともに多くの仕事に取り組んできました。「ビジネス人類学者」として振る舞おうと意識したこともなければ、学術論文を書こうと思ったわけでもありませんが、「よそ者」であることによって見えてきた景色も、気にかかったことも、その部族のメンバーたちとは大きく異なっています。そこで目の当たりにした日本的組織の特徴は、強みと弱みが表裏一体であり、片方だけをとって他方を捨てることができないようなものです。

〔日本的組織の特徴（強弱が表裏一体）〕

・共通の価値観と強い枠による一体感と団結力
・全体のための犠牲を惜しまず、奉仕する精神
・社員の育ち（躾《しつけ》と教育）によるまじめさと勤勉さ
・外なる枠（会社と先輩の通説）と内在化の強さによる均質性
・継続性＋安定性＋規律によるレジリエンスと保守性
・全体を乱さないための非公式な処罰と「右ならえ」の強さ
・同調圧力とリスク回避による創造性のそぎ落とし

最大の強みの裏に最大の弱みが隠れていたりすることがよくあると思うに至りました（これは、個人に関してもいえることです）。組織の歴史、規模、置かれた状況によってさまざまなパターンがあり、一括りで捉えるには多少無理があります。しかし、主に「日本人」が構成員であるため、ベン

チャーであれ、行政組織や大手企業であれ、やはり違いより共通性が目立ちます。そして、その日本的組織の「例外」に出合うとつい嬉《うれ》しくなり、ワクワクし、希望を感じます。ここで読者は、多少ドキッとして立ち止まっていただけましたでしょうか？　はい、「例外に出合う」と、希望を感じることがあるのは、何を隠そう、例外でない組織にはやはり「鬱陶しさ」を感じる側面が多かったことを意味しています。行政組織については、スピード、ワクワク感、創造性、開拓精神を感じてともに仕事ができた例はほぼ存在しません。また、大手企業とは数百のプロジェクトをともに進めてきましたが、心底「これは素晴らしい、最高の結果を生み出せた！」と思える案件は、おそらく片手で数えられるほどです。何も、仕事が失敗の連続だったというわけではもちろんありません。表面上はそれぞれが無事終了し、相手先だった機関や企業からもよい評価を獲得してきましたが、それでもなお私にとっては、次のような歯がゆさがぬぐい切れません。

「ああ、もったいない！　独自性ある社員を活かせず、多様性を強みに変えることもできず、夢を掲げることをためらい、しまいに至るところで創造性の発揮よりリスク回避を重んじる組織文化は、多大な損失をもたらしてしまっている」といわざるを得ません。経済的マイナスというより社会と人間にとっての損失です。何もこれまでの日本文化を否定するつもりはありませんが、とりわけ大きな組織のカルチャーにおいては、その構成員のポテンシャルを活かしきれない側面が多すぎると感じてきました。

かといって、そこでいきなり対人関係に「欧米型」のリーダーシップを持ち込んでもなかなかうまくいきませんし、そのスタイル自体が優れているとも限りません。「2人以上の人が、共通の目的に向かって、協力しながら前進する」という、「組織」の最もシンプルな定義を考えると、その協力関係に新しい風を吹かせるリーダーシップ・スタイルが日本においてのみならず求められています。部下やフォロワーの有無にかかわらない、人間関係の新しく創発的な導き方を、本書では**カタリスト型リーダーシップ**と名づけたいと思います。カタカナ英語が苦手な方は、「触媒型リーダーシップ」と読み替えていただいてもかまいません。

「間」の面白さと難しさを活かし、「上」に立つ司令官のような存在でもなければ、「下」から支える**サーバント・リーダー**でもない、「真ん中」にいる存在としてのリーダーの生き方です。そのリーダーが持つべき４＋４の行動特性と具体的なアクションを紹介する前に、1つだけ、どうしても経ていかなければならないステップがあります。それは、組織内で常にせめぎ合う2つの部族の理解と、片方の部族との決別の必然性についてです。

第 28 章

組織に存在する「2つの部族」のせめぎ合い

○○区の職員の鬱陶しい（と私が思った）行動は、彼ら自身のせいではないですよね？ 硬直化した組織の力学に長年揉まれ、あのような行動様式になったはずです。どう見ても、彼らを責めるのはかわいそうでしょう。こう思いたくもなりますし、おそらくこれが一般的な見方です。しかし、このような考えそのものに別れを告げない限り、官僚的な組織の実態が変わらないばかりでなく、自分の仕事人生への主体的な責任を放棄することにもなりかねません。区の職員たちには、すべての働き手と同じように、**「部族を選ぶ」**権利があります。いや、権利というだけでなく、有意義で豊かなワークライフを送ろうと思うのであれば、選択することが必須です。

ここで再び第25章で紹介した新将命さんの言葉の創作力に敬意を払わらざるを得ません。彼は、どの（大手）組織においても、2つの部族がしのぎを削っていると面白おかしく話していました。私は多少表現を変えていますが、片方の部族は**「だからできないんだ族」**、もう一方は**「どうしたらできるか族」**です。だからできないんだ族は、できない理由を見つけるのが得意で、必ず新しいことが起きようとするときに、小難しいことやリスクを先に言います。自分たちのコンフォートゾーンから出たくないということだけが原因ではなく、それまでの個人史においても、きっと組織の中で何度も痛い目に遭い、徐々に「学習性無力感」に浸ってしまい、「できない！」理由ばかりを見つけるクセがついてしまっています。この部族とあまり多くの時間をともにすることは、危険です。私のように、普段怒ることのない人でも血圧が上がってしまいますし、そうでなくても一緒に時間を過ごせば過ごすほどエネルギーを吸い取られます。思考が後ろ向きに傾き始めます。

一方で、「どうしたらできるか族」も組織に一定数は存在します。新しいチャレンジが好きな人たちで、多少難しい局面に差し掛かっても前向きなエネルギーを放ちながら、なんとか打開策を見つけようとします。この部族と接すると明るくなれますし、未来の可能性を信じるようになります。問題は、組織が大きくなるにつれ、「だからできないんだ族」がどんどん増殖しがちなことです。業種や個別の職場の風土にも大きく影響を受けますが、組織の規模拡大は、往々にして「だからできないんだ族」の肥大化を生む危険性をはらんでいます。

多少単純化した特徴を図28-1に描いていますが、読者の周りにもおそらくこのような同僚や仕事のパートナーがいるのではないでしょうか。せっかくいい気分だったのに、夕方に「だからできないんだ族」の人と打ち合わせをしてしまったことで、へこんでしまう。あるいは、反対に前向きで明るい同僚とブレストをしたおかげで、もやもやしていた案件の視界が突然開けてくる……。この話を聞いて、読者が「そうだ、そうだ！」と苦笑して終わるのは、私が意図していることではありません。

チームビルディングや組織に好影響を与え、自分も組織のリーダーの1人になっていくにあたって、「ここ」（つまりの部族の選択）に極めて大きな意味があります。自分として、部族を選ぶのです。他人にはうそをつくことができても、自分には最終的にうそをつくこともできなければ、「誰かに代わりに決めてもらうこと」もできません。**自分自身として、仕事と対人関係に取り組む基本姿勢を選ぶしかありません。**組織の一員として振る舞うにあたって、人によってはこれが最重要な選択といえます。もともと「どうしたらできるか族」に含まれている人なら苦労はしません。第29章で紹介するリーダーシップ・スタイルの実践を通じて、自分のよき特性をさらに磨いていけばよいのです。問題は、大手組織に多い「だからできないんだ族」に属している場合です。「部族移動」は、江戸時代の脱藩と同じほど大変かも

行動側面	だからできないんだ族	どうしたらできるか族
新しいことへの姿勢	危険と面倒くささに満ちていて、なるべく取り組みたくない。	「これは面白い」と未知の領域に踏み込むことでワクワク感を覚える。
課題の捉え方	犯人やスケープゴートを探して、できれば課題を隠して先に進む。	なんとか建設的な解決のアングルを見つけようと工夫を凝らす。
上司の指示への対応	仮に経営トップの指示であっても見事に撃ち落とす理由を見つける。いつの間にか沈没させる。	指示に対して疑問がある場合は、建設的な問題提起をしつつ、基本どう実現できるかを起点に発想する。
他人への影響	エネルギーを吸い取る。どんよりしたムードを漂わせる。	エネルギーを与える。笑顔と行動で場の空気を明るくする。

図 28-1　「だからできないんだ族」vs.「どうしたらできるか族」

しれませんが、ここで、その〝脱藩〟のための簡単なルールを３つ紹介します。

①自分を責めないこと！

「だからできないんだ族」は、自分に対しても後ろ向きでネガティブになる場合があります。「これまで」を嘆くことには意味がなく、その部族にいることを悔やむ必要もありません。過去は過去、今、ここに立っている自分が新しい部族を選択する決意を固めればよいのです。

②学習性無力感の意味を知って、それを捨て去る

学習性無力感――英語ではlearned helplessnessといいますが――これは、ポジティブ心理学の大家、アメリカのマーティン・セーリグマンが50年以上前に生み出した言葉です。彼は、動物実験からその原理を理論化していったのですが、意味は次のようなものです。

長期にわたってストレスの回避困難な環境に置かれた人や動物は、その状況から逃れようとする努力すら行わなくなるという現象[*23]

かなり多くの場合、「だからできないんだ族」は組織内（幼少期からの場合もあります）での同調圧力、均質性への要求、対人関係のややこしさや人間力の低い上司との遭遇によって、このような状

況に追い込まれ、いつの間にか自身の特性もわからなくなり、抜け出すこともできなくなります。日本の組織で歯車が悪い方向に回ったときに頻繁に見られる心理的状況です。これをまず知った上で、自ら、その状態からの脱皮を決意してください。

③言葉と行動と接する人を変える

日々使っている言葉を意識的に変え、なるべく新しい部族の人たちと多く接することが最終的な脱藩のために必須になります。セーリグマンたちは、学習性無力感の対策として「学習性楽観主義」を提唱しています。自分が物事を説明する時のワーディングまで評価する診断があり、それぞれの言葉の分析と内省から、より前向きでトーンの違った表現をあえて選ぶ訓練を繰り返します。他の新しい習慣と同様に、身につけるには多少時間がかかりますが、その後を大きく変える可能性があります。その過程で、第3章で紹介したＡＢＣモデルによる行動の省察と、過去の失敗体験の改善点の検討を行うのも一案です。

第1に、自分がどちらの部族に属しているかを正直に見極めてください（これは何も実際に派閥だとかグループがあることが前提ではありません。あくまで概念的な捉え方ですが、特に「だからできないんだ族」の場合は、実際に組織内派閥を形成しているケースも少なくありません）。

その上で、「どうしたらできるか族」に加盟することを決意してください。入会金もありませんし、止める人も本来いません。「だからできないんだ族」の（元）仲間たちはあれこれ難しいことを言いますが、１番厄介なのは自分だったりします。新しい部族への移動にはガッツが要ります。しかし、その選択をすることなく、第29章以降で取り上げるカタリスト型リーダーへの脱皮ができないだけでなく、いつまでもエネルギーが低調な世界に生きるようになってしまいます。多少深く考えてみれば、悩むはずのない選択です。

第 29 章
カタリスト型リーダーの実践スキル〈基礎となる4つの行動特性〉

「触媒＝カタリスト」。それは、異なる材料の化学反応を加速させるのに欠かせない物質であり、世界の化学産業で行われる化学処理の90％前後で使用される「目立たないが決定的に重要な役割を担う存在」といえます。化学反応を促して加速させるのですが、触媒そのものは変化しませんし、目立つこともありません。まさに、「間」を上手にとり持つことで、新しい現実ができる「脇役ながら主役」のような役者です。面白いことに、触媒は異なる物質が新しい状態への移行を可能にするパスウェイ（道）を拓く作用があり、ごく小さな量でも大きな変化をもたらすことが可能です（組織における行動の「パス」については、また後で詳しく考えます）。

人間関係や組織の上下関係にかかわらず、私たちはこのような「カタリスト」に時々出会うことがあります。坂本龍馬と同様に「俺が……！」を強調する人ではないけれど、その人の存在、発言、振る舞いそのものが周囲によい変化をもたらし、スタックしそうな仕事が新しい状態に進んでいくエネルギーと人間同士の化学反応を導きます。チームビルディングが上手な人でもあり、仮に正式な肩書がなくても他人をリードする能力を発揮します。これが、本書で提案したい対人関係における最高のリーダーシップ・スタイルです。世界では、カタリティック・リーダーシップとして一定の注目を浴びている考えですが、ここでは、私の経験をもとに、カタリスト型リーダーを次のように定義し、４＋４の行動特性で紹介したいと思います。

〔カタリスト型リーダーとは〕
肩書きや序列にかかわりなく、人と人の間によい化学反応を起こし、新しい状態への移行を促せるリーダー。個人としての軸をしっかり持っているからこそ、異なる視点を有する多様なチームメンバーを尊重し、共通善に資する変化の道〈パス〉へといざなうことができます。

「肩書きや序列の有無にかかわりなく」と書いていますが、組織内でこのような役目を果たせる人は昇進する場合も多く、結果的にタイトルもつくようになります。触媒自体は化学反応の過程で変化しないのと同じように、カタリスト型リーダーも「自分」を持っていることがポイントで、それによって「他者」を認めることができます。ただし、人間のカタリストは、人と人をリードする中でより大きな器を築いていくという意味で、自らも成長します。目先、自分、一部の人の利益を生む結果というよりは、他者、チーム、組織、場合によっては社会により大きな「共通善」をもたらすことがこのようなリーダーシップ・スタイルの魅力だと思います。二律背反的な「トレード・オフ」を、いくつもの「トレード・オン」に変えてしまうリーダーの在り方です（第31章で解説）。

一体何を拠り所に、どのようにしてカタリスト型リーダーに近づけるか――これについては、1つの決まった結論や、唯一正しい道があるわけではないと思います。私が、ここ30年ほど接してきた日本国内外のさまざまなリーダーの言動を見て体系化した「カタリスト型リーダー」のモデルを紹介します。本章で取り上げる最初の「4つの行

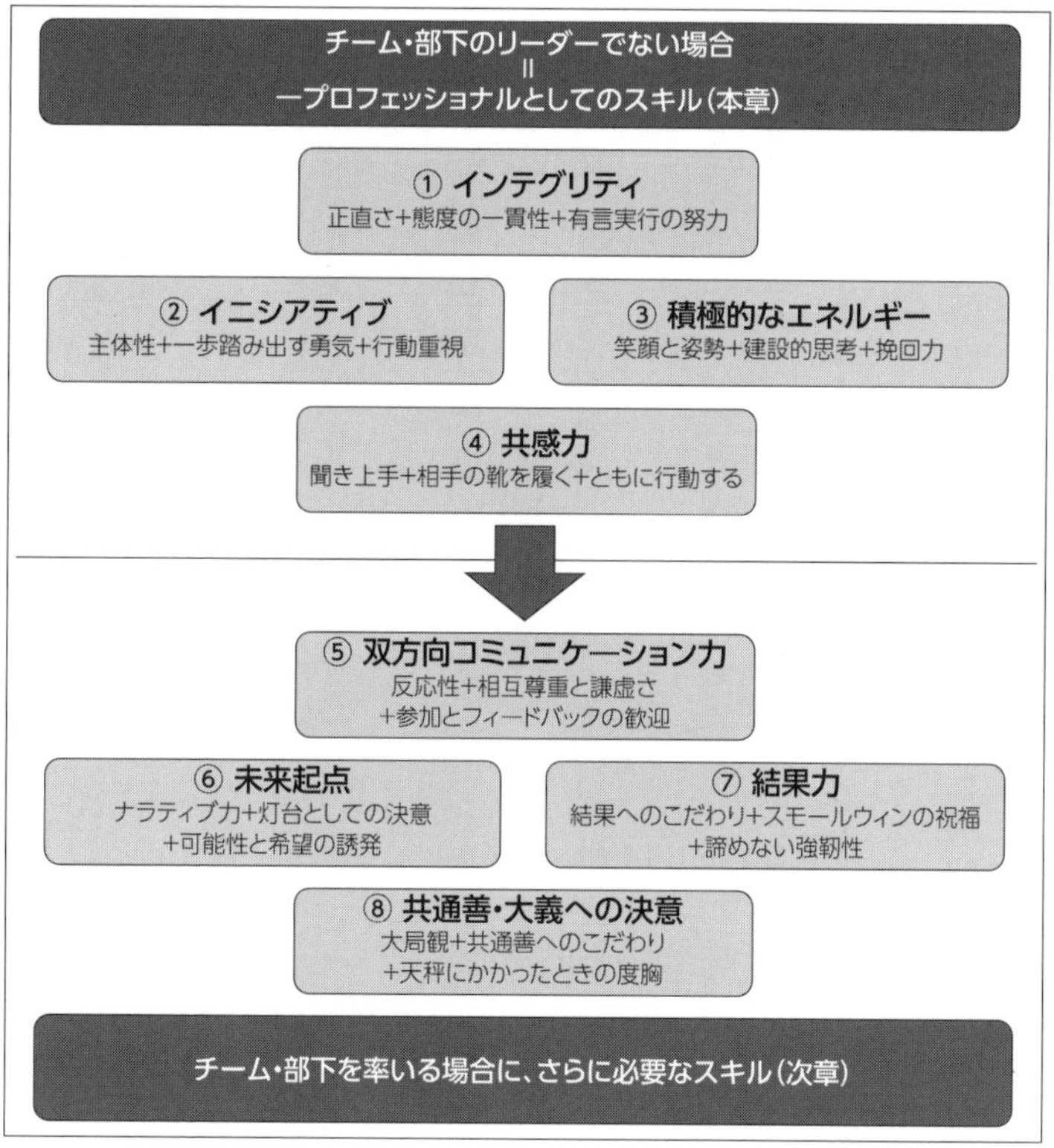

図 29-1　カタリスト型リーダー　4+4 の行動特性

動特性」は、一個人として、仮にチームを率いることがなくても実践できる「リーダーシップの要素やスキル」です。第30章でスポットを当てる次の「４つの行動特性」は、チームや組織のリーダーである場合に、「さらに」必要となる資質です。

最初に、部下の有無や組織での肩書きにかかわらず重要になる４つの行動特性について、それぞれ説明します。

行動特性①

「インテグリティ」を「誠実性」や「高潔さ」と表現する人もいますが、どうしてもそれでは捉えきれない側面があるため、ここはカタカナで恐縮ですが、インテグリティという言葉にこだわりたいと思います。他者の信用を獲得し、強い信頼関係を築くための最も基礎的な特性であり、その中には、３つの要素が含まれます。

１つ目は、当然ですが「正直」であることです。二枚舌で話し行動する人、ついプチうそをついてしまう人は、決して周囲の信頼を獲得することができず、触媒としての機能は果たせません。２つ目に、インテグリティの一部として、人に対する基本的な「態度を変えないこと」がマストです。日本であれば、敬語など言語面で差をつけることがどうしても発生しますが、たとえ天皇陛下と面会していようが、自社の新入社員や学生と接していようが、他者を尊重する基本姿勢が一緒でなければインテグリティを発揮したことになりません。特に組織内にはびこる「ヒラメ族」のように、上にペコペコしながら下にはきつい言葉を使う人は、カタリスト型リーダーになれません。3つ目の要素として、「有言実行の努力」が欠かせません。いうまでもありませんが、必ず有言実行できるとは限りませんし、言ったことをすべて絶対に達成しないといけないともなれば、夢や自由な発想ができなくなってしまいます。しかし、人の前で、「する」と発言したことについて、何度もほったらかしにして「やる」真剣な努力を見せない人は、そのうち信頼されなくなり、カタリストとしてのパワーが落ちてしまいます。「あの人はどうせ口ばっかりで、やらないんだよね」と思われてしまいます。「世の中には、2タイプの人間しかいません——しゃべる人と行動する人」——この言葉をコーチとしてグローバルに活躍しているオランダの友人に教えていただきましたが、常に、言ったことを行動につなげる努力が肝心です。

行動特性②

イニシアティブをとることがいかなるリーダーにとっても不可欠です。そこには、誰かにただついていく人と、部下の有無にかかわらず自ら仕掛ける人の決定的な差があります。イニシアティブをとるためには、まず、I＝自分を主語にして、「主体性」を発揮することが求められます。学習性無力感が起きやすい組織において、この主体性はつい打ち消されそうになりますが、カタリスト型リーダーは、行動の拠り所を他者に求めるのではなく（また、他責で物事を語るのでもなく）、まず、自分を起点に思考し、動きます。

「一歩踏み出す勇気」も必要になってきます。コンフォートゾーンの中でぬくぬく行動するのではなく、自分にとってのストレッチゾーンに足を突っ込み、新しい景色を見る好奇心を持つ必要があります。これが自分に足りないと感じたら、新体験を重ね、新しい場に意識的に身を置き、新しい人と出会い、新しい経験を積み重ねればよいのです。そこから、一歩踏み出す勇気が少しずつ芽生えてきます。

最後に「行動重視」という覚悟が必要になります。アメリカの未来学者で長年お付き合いがあったジョン・ネズビッツ（メガトレンドという言葉の生みの親）は、ある時、このように言っていました。「ネガティブで消極的な人は、ゲームのタッチラインに立って、あれこれ批評するだけ。積極的で楽観的な人は、ゲームに飛び込んで、何より参加してみる、プレーに関わる」。ゲームに参加し、プレーしようとすることがなければ、批判する権利もないことを意味します。かつて、㈱イースクエアというベンチャー企業を経営していた頃、理念の一環として掲げた「5つの黄金ルール」*24の1つに、Action Breeds Results＝「行動のみが波及効果を生む」というものがありました。池の前に立って手に石を持っていても、水面での変化は何も起きません。石（いし）を池に投げて初めて波及効果が見られます。組織でいえば「意志（いし）を行動に移して」初めて、他者も動きだします。

行動特性③
積極的なエネルギーを発揮することも、触媒として機能するために必要になります。いくら主体的に行動を重ねても、常に眉間にしわを寄せ、暗そうな顔をして、マイナスエネルギーを発していては、他者とのよき化学反応は起こせません。

そのために、第1に必要になるのは、ごく単純ながら多くの人がつい忘れがちなことですが「**笑顔と姿勢**」を正すことです。「なんだ、ただの精神論じゃないか」と思われるかもしれませんが、驚くほど周囲への影響が大きいです。笑顔（スマイル）と笑い（ラフター）の他者に対するポジティブな影響に関しては、世界で多数の研究が存在します。例えば、講演をしている人に対して、聴衆が笑顔で聞いている場合と、シビアで退屈そうな顔で聞いているときとでは、講演者のコルチゾール（ストレスホルモン）分泌が大きく変化するなど、肉体的な違いが実際に測定できます。姿勢に関しては、その人の状態と取り組み姿勢を視覚的に最もわかりやすく示すシグナルと見てよいと思います。背骨をまっすぐにして、意識的にでもかまいませんが、笑顔を増やすことで周囲に対してよいエネルギーを伝播させられます。

次に、「**建設的思考**」が欠かせませんが、これは何も素直に、すべてを受け入れなければならないことを意味するわけではありません。どのような状況に置かれようと、「次に、何ができるか」を考える習慣のようなものです。その反対の習慣に陥りやすいのが（特に「だからできないんだ族」の多い組織において）現状だと思います。難しい局面に差し掛かったらついエネルギーレベルが低下してしまい、後ろ向きの思考になりやすい。これは、誰にも起きうることではあるものの、カタリスト型リーダーは、その状況から、第1章で取り上げた刺激と反応の間のスペースを上手に利用し、建設的な発想に切り替えていきます。これも、人によってはそこそこの自己研磨が必要な行動特性ですが、幸いこのマッスルを鍛えたい人のためには、ポジティブ心理学の膨大な研究成果が存在し、具体的な手立てをそこから学びとることも可能です。

積極的エネルギーを生み出す最後の要因は、「挽回力」――精神的なレジリエンスとも言い換えられます。建設的に物事を考え、主体的に行動して、姿勢を正したとしても、すべてがいつもうまくいくことはありません。むしろ、失敗からの立ち直りにこそ知恵の種が隠れていることもあり、一定数の「失敗」が人生と仕事に必要です。そこから挽回できるだけの肉体的な強靱性（第２部）と、精神的な自己コントロール（第１部）がカギになります。悲しんでもよし、泣いてもよし。ただ、その後は挽回してより強くなることがリーダーとしての生き様です。

行動特性④

共感力をカタリスト型リーダーの４つ目の特性として挙げたいと思います。このスキルを磨くために、第１に、自分が「聞き上手」であるかどうかを点検してみてください。「口は１つ、耳は２つ。よって、しゃべる量の２倍は聞くのがよい」といわれていますが、この実践はなかなか難しいです。表面的なリスニングはすぐに見破られますし、聞いているふりをしているのに、ボディランゲージで明らかに興味がなさそうにしている場合も、すぐにわかってしまいます。相手の話に真剣に耳を傾け、言葉をあえて繰り返したりするなどのディープリスニングが求められます。丁寧な傾聴に加え、さらに共感力を高めるために、「相手の靴を履く」練習が必要になります。これは日本語でいう「相手の立場になって物事を考える」とイコールですが、その一環として、他人の価値観や行動の背景にある個人史やモチベーションを理解する努力も含まれます。

最後に、「ともに行動する力」も共感力向上のカギです。うなずいたり、リスペクトを示したり、深く理解したりするだけでなく、ある目標や結果の達成に向けて、相手の視点も取り入れつつ、協働することが必要になります。カタリスト型リーダーは自分ですべて仕事を片づけるより、多少面倒くさい時でも、一歩下がって、時には深呼吸し、相手を上手に行動の連鎖に巻き込んでいきます。

周囲の人の信頼を獲得し、現状維持に甘んじることなく一歩踏み出して、前向きなエネルギーで自然に他者を牽引し、共感することで強い絆をつくる。これは、カタリスト型リーダーシップがもたらす対人的な成果といえると思います。ただし、ここまではあくまで一プロフェッショナルとしての資質ですが、次に、人を率いる時にさらに必要になる4つの行動特性を見ていきます。

第30章
カタリスト型リーダーの実践スキル〈チームを率いる人の４つの行動特性〉

これまで紹介した４つの行動特性を身につけていない人が組織のリーダーになると、これは結構悲惨です。しかし、残念ながらかなり頻繁に起きていることではないでしょうか？　私が行ってきたさまざまな組織の調査を見ると、常に上下の信頼関係に大きな課題があり、その原因の１つは（社員から見て）リーダー層が言うことをやらない、人によって態度を変えるといったことです。共感力が低く、業務命令や指示にいつでも頼れると勘違いし、明るく建設的に振る舞うどころか、常にシビアな顔をして部下のやる気を削いでしまう人もいます。１つのエピソードを紹介しましょう。

日本の某大手企業の社員がかなり頑張って、将来性のある新しい企画を準備し、その発表の場に10社の経営トップが集まって、熱心に聞いていました。ほとんどの経営者は概《おおむ》ね前向きな反応でしたが、案の定、社員が最も頑張っていた会社の社長だけは一切の配慮もせず、「ぼくは正直に言うとあまり理解できないし、新規性を感じない」――その他にもあれこれネガティブな発言をして、会議が終わりました。この会社の社員と直後に話しましたが、顔は暗く、彼は「この会社を辞めようかと思う」と発言していました。とても優秀で若くして副部長に昇格したばかりの人でした。

リーダーとして振る舞うためには、まずカタリストとしての基礎（第29章）を押さえてもらいたいものです。その基礎をしっかり固めつつ、次の４つのスキルや行動特性も併せて磨く必要があります。

行動特性⑤

双方向コミュニケーション力は、より多くの人をまとめていくにあたって（共感力拡張のために）重要であることは、いうまでもないかもしれませんが、なぜか、役職が上がるにつれ、一方通行の伝達が役目だと勘違いしてしまう人がいます。社内通達、浸透策、インナーコミュニケーションに力は入れるのですが、その大半は双方向ではなく、一方的に展開されるため、むしろ部下のモチベーションを引き下げてしまうケースがあります。

双方向コミュニケーション力を高めるには、第1に自分の「反応性」を点検する必要があります。ちょっとわかりにくい日本語だと思いますが、英語のリスポシブネスの直訳とお考えください。この言葉に、２つの大切な側面が含まれています。チームメンバーに対してスピーディーかつ確実に反応することと、選択的な反応（つまり、えこひいき）をしないことです。いつ返事がくるかがわからない、そしてある人にはすぐに返事をするのに、他の人にはなかなか返さないという場合は、間違いなくチームの一体感が低下し、リーダーへの信頼が崩れていきます。

ある時、サッカー日本代表の監督を務めた岡田武史さんに頼み事があり、電話をしました。留守電になっていたためメッセージを残したところ、すぐさま折り返してくれました。「ごめんなさい、今テレビ中継のためカタールに来ています」と切り出されました。地球の裏側で重要な仕事に取り組んでいても、優れた反応性を示してくれました。他の場面でも、岡田さんはいつもスピーディーな返事を返すことがわかってくると、「あれだけ引っ張りだこで忙しい方なのに……」と、尊敬の念が芽生えてきます。忙しい人の反応性が低いのではなく、立場や多忙さにかかわりなく、人も選ばず、確実なコミュニケーションを行う人こそリーダーだといえます。

「相互尊重と謙虚さ」は、効果的な双方向コミュニケーションの核となる部分です。第1部でも触れましたが、部下に対してリスペクトのない態度や言葉を多用するリーダーは、尊敬されることはなく、陰口をたたかれても仕方がありません。下が上を「尊重」するだけでなく、そもそも同じ人間であるところから、相互尊重が必須です。偉くなったから偉そうにする発言や行動は、組織内の大きなトラスト・キラーです。謙虚さを持ち続けるからといって、リーダーシップを発揮できないわけでもありません。次元の高いリーダーは、自信と謙虚さをほどよくブレンドし、対人関係においては相手の立ち位置にかかわりなくリスペクトを払います。

私がお会いした世界のリーダーの中で、この点で最も失格だと思ったのは、アメリカの元国務長官だったヘンリー・キッシンジャーでした。東京で、彼が基調講演を行う国際会議のオーガナイザーを務めていた関係で、イベント前夜にホテルでお会いしました。その時の、キッシンジャー氏の適当な握手と、「あなたには悪いけど興味ないよ」といった態度とボディランゲージは、一生忘れません。「キッシンジャーは、人を選んで接するんだ」と印象づけられた瞬間であり、いくらアメリカの元国務長官であっても、私個人の定義ではリーダーの類いから外れてしまいました。

最後に、双方向コミュニケーションの大切な要素として、「参加とフィードバックの歓迎」を挙げたいと思います。組織のリーダーは、確かにある仕事について最終的に決める役割を担っているのかもしれませんが、カタリストとして優れているリーダーは、その過程において現場からの意見、次世代や異端の視点、そして建設的な批判を含めた積極的なフィードバックを歓迎します。これを怖がる管理職もいますし、「決めるのは経営層の仕事だ」と実際に発言する人にも会ってきました。長い目で見ると、エンゲージメントを低下させるのみならず、自発的なアイデアやイノベーションも生まれなくなります。「アイデアを出せと現場にいつも言っているんだけど、出てこないんだよね」と嘆くトップ経営者に何度も会っていますが、それは日常的なコミュニケーションスタイルや、会社の重要事項を決めるプロセスの中で、参加とフィードバックを可能にするカルチャーをつくってこなかった結果に過ぎません。健全な組織は「トップダウン」でも、「ボトムアップ」でもありません。アイデア、フィードバック、意見が階層の間でぐるぐる循環する「トップダウンアップ」か、もしくは「ボトムアップダウン」の組織です。

行動特性⑥

未来起点は、単なるビジョン力より広い概念です。ビジョンをつくることは、優秀なチームがいればどのリーダーにもできますが、未来起点でチームを導くことは、カタリストならではのスキルの1つといえると思います。その1つ目の要素として、「ナラティブ力」を磨くことが必要です。「物語」

とは、どこかの、自分と違った誰かについてのお話であるのに対して、「ナラティブ」は自分が主語として引き込まれる、チームの構成員全員が役者となり得るようなストーリーです。

スターバックス・ジャパンの社長から聞いたわかりやすい一例を紹介します。スターバックス・アメリカが業績不振に直面していた時、幹部は財務状況を話し合う会議に集まっていました。当然、雰囲気はややどんよりしていたそうです。そこで、会議室に創業者のハワード・シュルツが入ってきました。彼は何ひとつ数字に触れることなく、次のように切り出したそうです。「皆さん、この間、僕はうちのホンジュラスのコーヒー農園に行ってきたよ。コーヒー農家のミゲルとじっくり話をして、彼の素晴らしい仕事ぶりも見て、そしてうちの会社が実際に村の生活改善にも貢献できていることが確認できた。とても嬉しい瞬間だったし、仕事のやりがいを感じることができた」。このように、シュルツは、スターバックスが会社として掲げているナラティブに沿って、数字の背景にある意義やパーパスをストーリー風に語り、その後の財務の会議では、各人から前向きで建設的な意見が相次いだそうです。組織を未来に向かわせるために、厳しい叱咤《しった》激励や目の前の数字への執着よりも、未来に伸びていく自組織ならではのナラティブにメンバーをいざなうことが、うんと効果的です。

次に、「**灯台としての決意**」という、一見不思議な行動特性に触れたいと思います。いかなるときにおいても、そして特に厳しい局面に差しかかった場合に、トンネルの先の光を見せることがリーダーの役目です。灯台になる覚悟が必要ですが、下手なリーダーは結果が出ないときに目先主義に走ってしまいます。1つ鮮明に覚えている例は、2012年と2013年に2年連続7000億円程度の赤字を出した時のパナソニックです。非常に危機的な状況に陥っていたことは確かですが、パナソニック（松下電器産業）には、創業者、松下幸之助の力強い理念と言葉があり、本来、そのスピリットを礎に難局を脱出すべきでした。つまり、厳しいからこそトップリーダーは会社が持っている精神的なアセットを動員して、自ら灯台となって先の光を示す時でしたが、当時お付き合いがあった社員の話によると、「数字、数字、数字」ばかりで、リーダー層はせっかく会社が持っていた強固な精神的拠り所に触れることがほぼなくなっていたそうです。「社員たちは自ら、なかばトップに隠れるかたちで企業理念を思い出したり、お互い『このために仕事しているんだよね』と確認し合ったりしていました」と、その社員は明かしてくれました。良い時にせよ、振るわない時にせよ、リーダーには灯台として機能する決意と、その灯台に明かりを灯《とも》すための言動が求められます。

未来起点の最後の要素として、**「可能性と希望の誘発」**を取り上げます。細かいマイクロマネジメントではなく（これは化学反応を停滞させる）、将来に向けた可能性をチームメンバーに感じさせることが重要です。明日に対する希望を感じるチームにこそ新しいアイデアが生まれるだけでなく、目の前の困難を乗り越える気力も生まれます。現状に甘んじてもよくありませんが、「対策の可能性」まで否定してしまうと、触媒としての役割が果たせなくなります。現状を仮に否定したとしても、対策は肯定し、次のアクションによる新たな可能性を示し、部下の希望を着火させることが大切です。

行動特性⑦

結果力は、その名のとおり、リーダーとしてチームを牽引し続けるために、結果責任があることを指しています。それは「自分で結果を出す！」というより、チーム全体で結果がつくり出せる状態を整えることを意味しますが、いずれにせよ、掲げた目標がいつも「未達」に終わると――ご経験の読者も多いと思いますが――現場はやや暗くなり、関係性もぎくしゃくし始めます。結果を導くために、まず必要なことは、経済性や目前のＫＰＩの先にある意義を常に伝えつつ、「**結果へのこだわり**」を言葉と行動で示すことだと思います。この一文の前半が重要です。大半のリーダーはもちろん結果にこだわりますが、その「こだわり方」がチープな場合が多いと感じます。カタリストとなるためには、引き起こしたい最終的な化学反応へのコミットメントが必要ですし、目標と結果をしょっちゅう変えるリーダーは「あの人はよくぶれる！」と言われ、やがて飲み屋で揶揄《やゆ》されるはめになってしまいます。しかし、常に奥行きのある結果へのこだわりが成功のカギではないかと思います。つまり、数字の奥や背景にある意義をチームメンバーが自分事として受け止められた時、達成したい数字や目標に向けて、自発的に前進します。

その目標達成に向けた旅路の上で、しばしばないがしろにされるのが、「**スモールウィンの祝福**」です。ちょっとした成果、大きな目標に向けて達成した小さな結果にスポットライトを当て、チームを鼓舞し、具体的に祝福することがやる気を引き出す秘訣の1つです。階段の段を下から、1つずつ固めながら登っていくための風土をつくるプロセスのようなものです。途中で、ある段で少し立ち止まって、うまく行った時の小さなお祝いや褒め言葉を上手に駆使する人は、より大きな結果へと導く力も自然に備わってきます。

最後に、結果を結晶させるために、**「諦めない心身の強靭性」**が必要になります。体調管理、精神衛生の維持・向上を図り、成功するまで諦めないしなやかな強さを発揮することが求められます。これは、リーダーならではのつらいところでもありますが、常にチームメンバーに見られるところでもあり、模範となり得るか否かの分かれ目の1つといえます。

行動特性⑧

最後に、**共通善・大義への決意**に焦点を当てます。他の7つの行動特性は、これがなければ全て水の泡になりかねないほど重要です。日本の戦後経済において、何度も見られた嘆かわしい光景があります。有名企業を牽引し、一時期はもてはやされた経営者が権力に酔ってしまい、最後に失墜し、汚名を残してしまう。こうなると、結局触媒として新しい現実をつくるどころか、なんだか失敗した化学反応のように、後味の悪い毒性あふれる物質を残してしまいます。いかなる状況に置かれようと、たとえ大変な窮地に追い込まれたとしても、共通善や、よい意味での大義を見失ってはいけません。

その入口として**「大局観」**がマストだと思います。残念ながら不足しがちな資質だと思いますが、リーダーは自分の組織の「中から」だけでなく、社会の視点、地球の視点、未来の見地にも時々「ワープ」してもらって、そのアングルからやるべきことや目指すべき結果を振り返ったり、場合によっては目標を変えたりする必要があります。この大局的な視点へのワープができれば、次の要素である「共通善へのこだわり」も割と自然にできるようになるはずです。英語では、これをグレイター・グッドといいますが、目先の利益のために生命を破壊し、今期の業績のために部下をこき使い、業績目標達成のために現場で変なプチ不正をとり始めることは、すべてこのグレイター・グッドに対する背任行為のようなものです。

大局観と共通善へのこだわりから養われるのは「天秤にかかったときの度胸」です。政財界において、カネ（活動資金・業績・ＫＰＩ）と倫理（正直さ・共通善）が天秤にかかるときがあります。政治の世界でいうと政治資金の問題がありますし、ビジネスの世界だと特に厳しい必達目標を達成しようとするときの末端での不祥事が関係してきます。その場を任されているリーダーには、必ず倫理を選択する肝っ玉が必要不可欠です。カネを倫理に勝たせてしまうリーダーは、仮にその他のすべての要素が素晴らしく整っていても、正しく他者を導くことはできません。難しい選択を迫られたときにこそ人間性が試され、リーダーシップを発揮するチャンスも潜んでいます。悲しいかな、日本の政財界で後を絶たない不祥事を見ると、このことが実践できない「道徳なきリーダー」がいかに多いかがわかります。本書を手にとっていただいている方であれば、天秤にかかったときが度胸と胆力を示す最高の機会であるということを、ぜひ肝に銘じていただきたいと思います。本書第４部のテーマである「公の場」のリーダーシップにも通じる大切な覚悟といえます。

ここまで、カタリスト型リーダーの４＋４の特性を、それぞれ３つの要素に分解して紹介しました。そのすべては現場で観察し、私自身も学びながら、時にはもがきながら身につけようと努力してきたものです。「自分のカタリストとしての現在地はどんなものだろうか」と気になる方は、一度立ち止まって、この８つの切り口から自己点検してみてください。

人と人の「間」の質を向上させるカタリスト型リーダーが導ける大きな成果は、いくつもの方向に広がる「トレード・オン」の実現です。このテーマについて、次の章で見ていきます。

第31章

個人と組織のトレード・オンを導くリーダーシップ

Ａを取ればＢが損なわれる。Ｂをとれば Ａが損なわれる。これは「トレード・オフ」、日本語でいえば二律背反の状態です。

企業と社会、組織と個人の間に、「トレード・オフ」がある意味必然的で、どこで、どのようにして折り合いをつけるかが1つの手腕であるかのように、長年語られてきました。私が１９９５年から仕事にしてきた環境やサステナビリティとビジネスの世界でも、名だたる大手コンサルティング会社は、よくこのトレード・オフについて論じてきました。

組織の中でも、個人のＱＯＬと会社の目標達成の間にトレード・オフがあったりしますが、私は、二律背反に焦点を当ててきたこの類いの議論にずっと違和感を覚えていました。そこで、かつて経営していた㈱イースクエアのある社員のさりげない発言に気づかされ、真反対の「トレード・オン」こそ目指すべきところではないかと思い、２００８年あたりからこの言葉を多用しています。

〔トレード・オンの定義〕
善の循環、相乗効果、シナジー、ウィンウィン
「会社・事業の発展」と「社会・自然環境の健全性」の間にある正の関係（サステナビリティの視点）
「組織」と「個人」の間の創造的かつ双方が利する関係（ヒューマニズムの視点）

簡単な定義に思えるかもしれませんが、このトレード・オンの実現は非常に大きなリーダーシップの挑戦だと思います。企業と社会の間のトレード・オンは第４部に譲るとして、ここでは個人と組織のトレード・オンにしばし焦点を当てます。トレード・オンといえる状態を導くことが、カタリスト型リーダーの生み出せる最高の結果ではないでしょうか。

しかし、さまざまなデータや調査を見ると、働く意欲を失い、疲弊してしまっている人の多さに驚きます。世界有数の調査会社であるギャラップ社は、この分野のリサーチを定期的に発表していますが、世界各地でウェルビーイングや働き手の心身の健康が話題になる中でも、数字があまりよい方向に向かっていません。２０２４年度版の「グローバル職場環境調査」によると、世界全体では組織に属する労働者の20％が定期的に孤独を感じ、35歳未満のウェルビーイング指数も近年減少に転じて

しまっています。仕事に打ち込めている人（engaged）は、全体の23％であるのに対して、62％は一種の無力感に直面し（not engaged）、そして15％は組織に対してどちらかといえば失望していて、感情面で乖離《かいり》しています（actively disengaged）[*25]。アジア全般で数字が悪く（18％、67％、14％）、そして日本は、とりわけ仕事に打ち込むことができているかに関して（engaged）、先進国最低レベルの6％にとどまっています。つまり、日本では16人に1人しか「よし、この仕事は面白い、今日も喜んで仕事場に足を運ぶぞ！」と考えていないという、

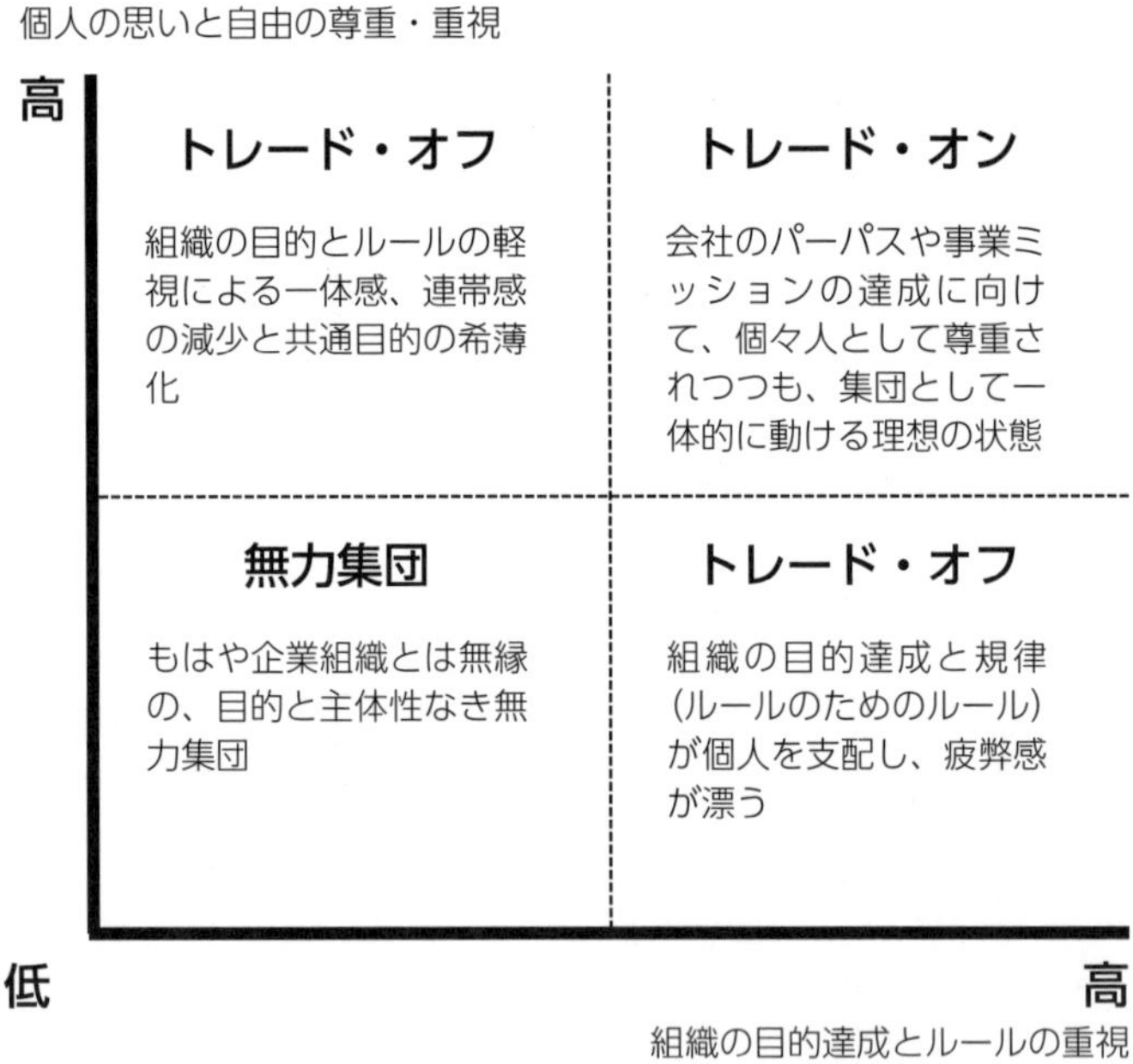
個人の思いと自由の尊重・重視
高
トレード・オフ
組織の目的とルールの軽視による一体感、連帯感の減少と共通目的の希薄化
トレード・オン
会社のパーパスや事業ミッションの達成に向けて、個々人として尊重されつつも、集団として一体的に動ける理想の状態
無力集団
もはや企業組織とは無縁の、目的と主体性なき無力集団
トレード・オフ
組織の目的達成と規律（ルールのためのルール）が個人を支配し、疲弊感が漂う
低
高
組織の目的達成とルールの重視

図 31-1　個人と組織のトレード・オン

由々しき状態です。

　これは長年の傾向であり、仕事がエキサイティングではなく、なんとか日々の業務を前に進める人の多さを物語っているデータです。組織と個人のトレード・オフから脱出することができていません。私が関わっているほとんどの企業は、懸命に「エンゲージメントの向上」に取り組んでいますが、多くの施策は狙った効果を発揮することができず、経営層や人事部は頭を抱えながら「どうしてだろう?」と悩んでいます。問題は、「①目標の設定」+「②リーダーシップ・スタイル（文化）」+「③打ち出している施策の質」の掛け

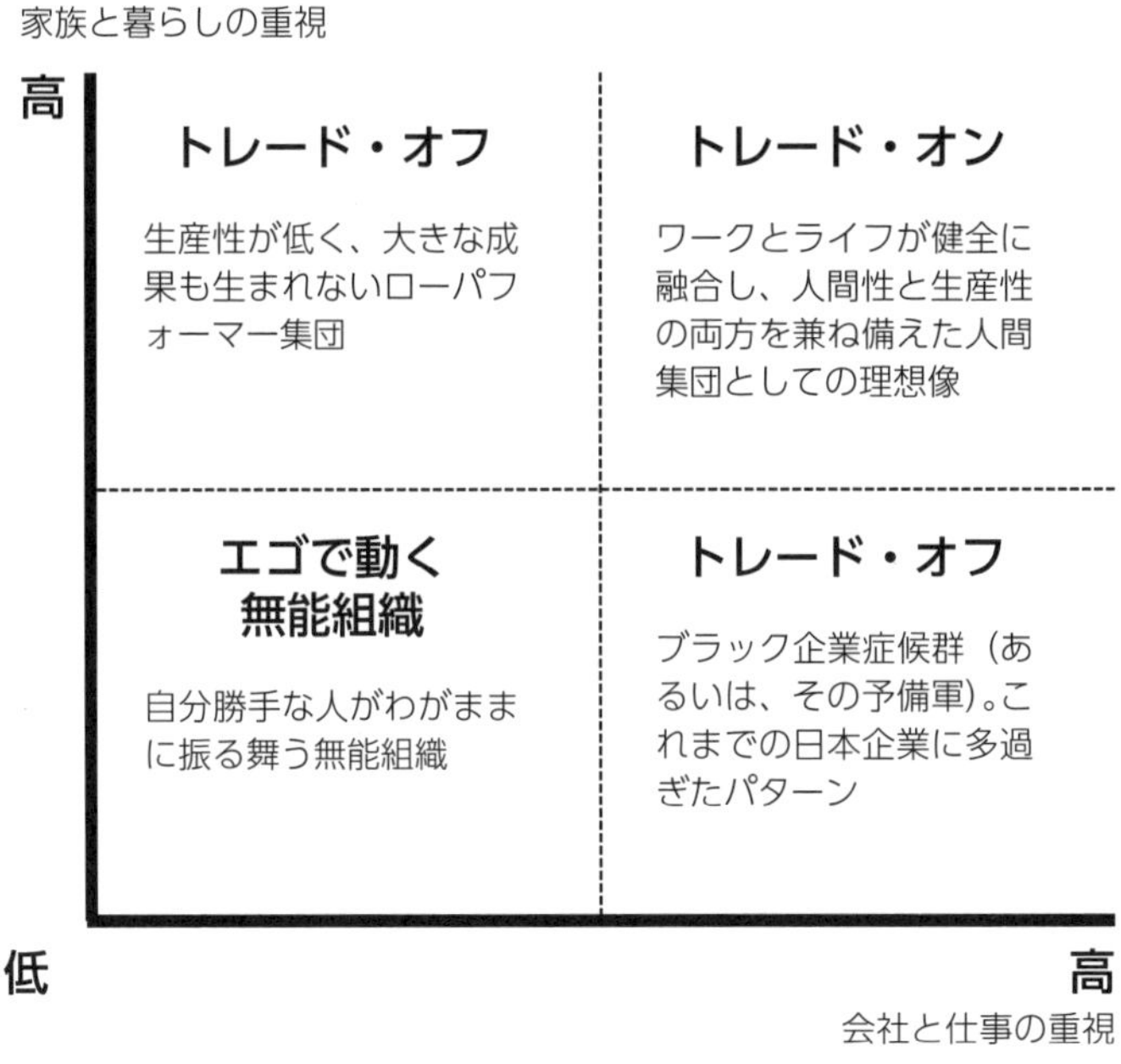
家族と暮らしの重視
高
トレード・オフ
生産性が低く、大きな成果も生まれないローパフォーマー集団
トレード・オン
ワークとライフが健全に融合し、人間性と生産性の両方を兼ね備えた人間集団としての理想像
エゴで動く無能組織
自分勝手な人がわがままに振る舞う無能組織
トレード・オフ
ブラック企業症候群（あるいは、その予備軍)。これまでの日本企業に多過ぎたパターン
低
高
会社と仕事の重視

図 31-2　暮らしと仕事のトレード・オン

算によって発生していると思いますが、それを考える前に、まず目指したいトレード・オンの姿を具体的に描いてみましょう。

図31−1、図31−22つのマトリックスの中で、読者がお勤めの組織のポジショニングはどこでしょうか？ 右上のフィールドの予備軍といえればよい状態だと思いますが、ギャラップなどの調査からすると積極的に不満を抱えているかは別として、自分と職場の間の本当のトレード・オンを実感している人は、ごく一部に過ぎません。このあまりにもったいない状態を脱するための方向修正について、先述の3つの視点から考えてみましょう。

①そもそも「目標」がずれている？

人は何よって心身の健康を感じ、心を込めて仕事をする状態になるのでしょうか？ 個人的には、健康経営へのアプローチも、多くの企業のエンゲージメント向上のために設定している「目標」も、一種のピンボケ状態にあると思っています。人は、「楽」することによってわくわくするのではなく、人間として尊重された上で、自分の貢献欲と創造性を発揮できるチームや現場にいることによって「楽」しく仕事ができ、その過程の中で幸せを実感します。時々設定される上層部との対話集会なども悪くはありませんが、それが規定演技に過ぎず、底流としてはアイデアをつぶす文化、部下をリスペクトしない言葉遣い、そして象牙の塔で物事が決まっていく組織ピラミッドであれば、いくら対話集会を開いてもエンゲージメントは上がりません。

古典中の古典ではありますが、あのマズローの欲求6段階説から考えてみましょう。詳しい読者は、「あれ、5段階説じゃないか？」と思われるかもしれませんが、晩年になって心理学者だったアブラハム・マズローは、下図にある最上位の6段階目を加えていて、ここに大きな意味があると思います。

組織をリードし、人を導くカタリスト型リーダーが目指すべき目標＝実現したいトレード・オンは、チームメンバーが自己実現できる組織であり、さらにその先に、自己を超えてより大きなことに貢献できるという実感のある状態です。マズローは死ぬ3年前に最上位の「6段階目」を追加し、「自己超越の欲求」と名づけました。人は「自己実現」をしたい

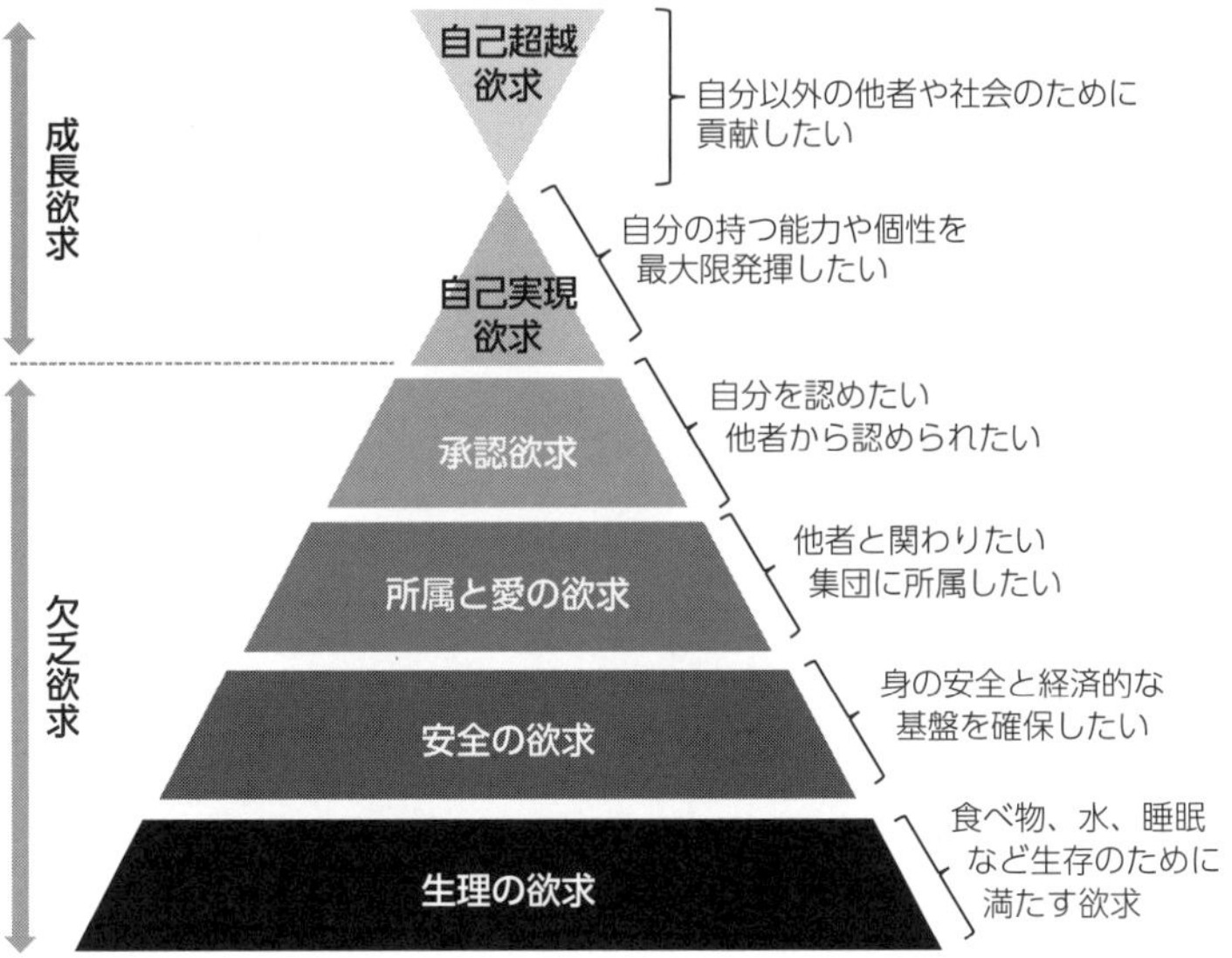

図31-3　マズローの欲求6段階説

のは確かであり、その可能性を提供できるリーダーや組織はエンゲージメント面のよき果実も摘み取りますが、最終的に私たちは己を超え、社会にも貢献し、大きなパーパスのために存在したいという、一種の（宗教に依存しない）スピリチュアルな欲求を持っています。これはモチベーションやニーズを超えたものでもあり、マズローはその意味も込めてメタ・モチベーションと呼んでいました（メタはビヨンド、つまり超えている、上にあることを意味します）。言い換えれば（これも彼の言葉ですが）、基礎的なニーズを満たし、ある程度自己実現もできるようになると、人々はミーニングフル・ライフ、意義や意味を感じられる仕事と人生を追い求めたくなる存在です。

しかし、うまくいっていない組織の場合は、どうでしょうか？　創造性がそぎ落とされ、貢献欲も満たすことができず、（よって、自己実現がしにくい）上に、業務を超えた「ミーニング」を感じて仕事に打ち込むこともほぼ不可能です。第1章を思い出していただければ、あのヴィクトール・フランクルは、この「ミーニング＝生きる意義」の実感こそ、生と死を分ける決定的な要因の1つだと指摘していました。そう考えると、どんよりとした風土を持つ中途半端な組織で社員に生気がないのも、無理がありません。

カタリスト型リーダーが問うべきはこれです：

「うちの組織の現場で、１人ひとりは本当に人間として尊重され、貢献欲・創造欲を満たすことができ、そして日々の業績目標を超えてグレイター・グッドのために働いている実感が得られているのか？」

②リーダーシップスタイル（風土）は更新されていますか？

「目標」を頑張って据え直しても、そこに向かうためには組織風土と、その番人や醸造家ともいえる幹部層や管理職のリーダーシップ・スタイルが時代遅れであっては、近づくことすらできません。むしろ、掲げる目標と風土の実態の乖離が大きければ、エンゲージメントをさらに低下させかねない要因になります。

　人に仕事をさせる「パス」は、基本的に２つあります。リーダーシップ・スタイルや目標達成への「道」と言い換えてもよいと思います。どちらも、ある共通目標に向かってチームを率いるアプローチですが、片方は化学反応を起こさない非カタリスト型、もう一方はメンバーの内なる化学反応も加速させる、圧倒的に魅力的なパスです。

　この２つを見ると、パス２は、誰もが目指し

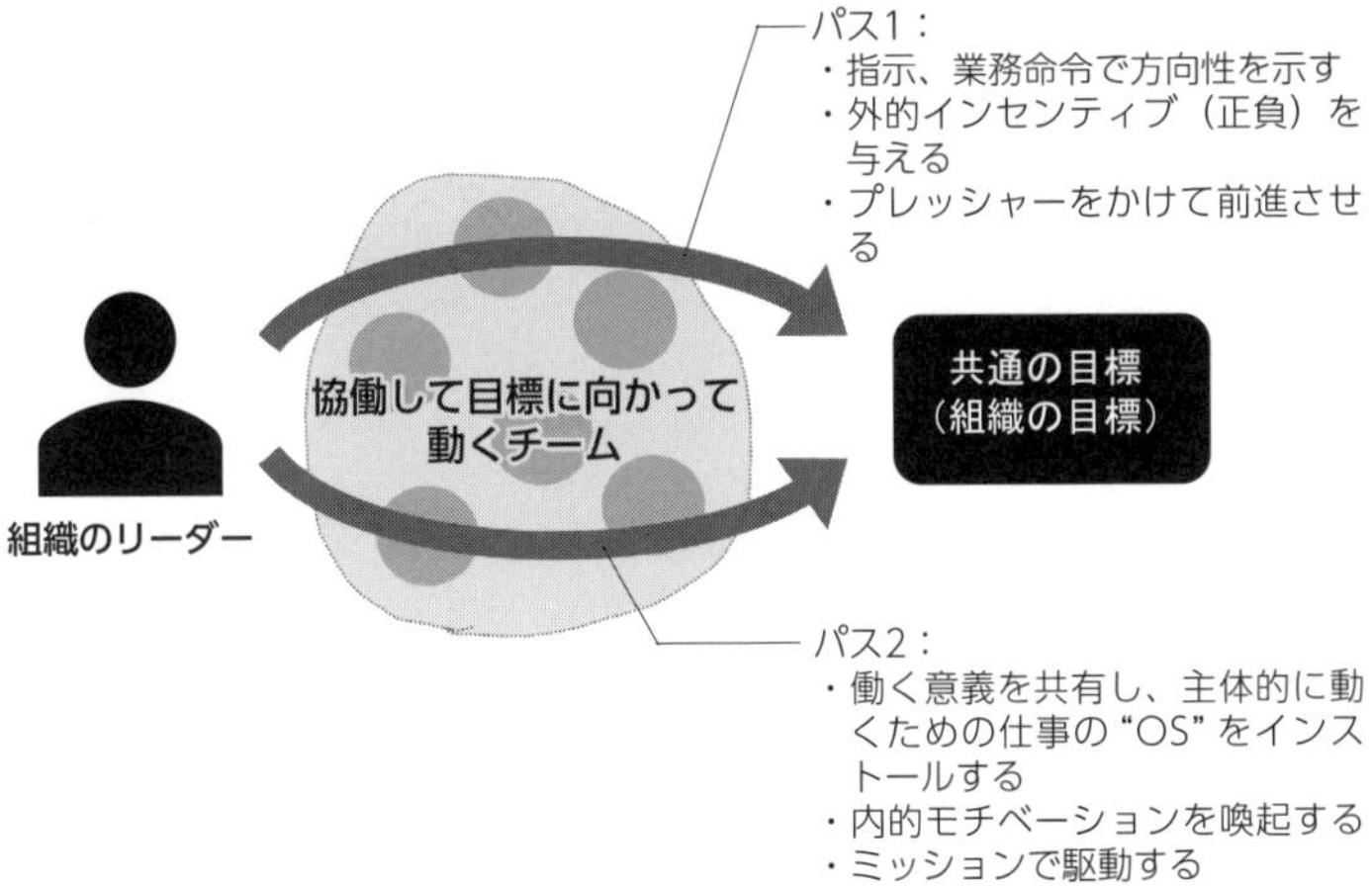
パス1：
・指示、業務命令で方向性を示す
・外的インセンティブ（正負）を与える
・プレッシャーをかけて前進させる
協働して目標に向かって動くチーム
共通の目標（組織の目標）
組織のリーダー
パス2：
・働く意義を共有し、主体的に動くための仕事の“OS”をインストールする
・内的モチベーションを喚起する
・ミッションで駆動する

図31-4　チームメンバーに仕事をさせる２つのパス

たい道ではありますが、実際どこまでそれができていますか。混合型のような組織もあると思いますが、パーセンテージの比重として、まだまだパス1優勢の会社が大多数だと思います。パス2の「課題」が2つあります——1つはパス1よりリーダーの人間力が問われ、面倒であること。もう1つはチームメンバーが主体的に動き出すまで時間がかかることです。そのため、つい安易にとれるパス1に走ってしまい、結果、現場の疲弊と中途半端な目標達成になります。

以前紹介した経営学の大家チェスター・バーナード（第26章）は、次のように指摘していました。組織が成り立つためには、個々人が協働のシステム（組織）に対して、努力を惜しまない意志があることが決定的に重要ですが、彼はさらに、人間の福祉＝現在でいうウェルビーイング実現のために、図31-5のような関係性が重要だとも紹介しています。

バーナードが20世紀半ばに掲げたこのような「パス2」に合致する組織的リーダーシップの在り方が実現できれば、おのずとエンゲージメントも上がります。1人のリーダーとしてとれるアクションは、第29章、第30章で紹介したリーダーシップ・スタイルの学習と実践

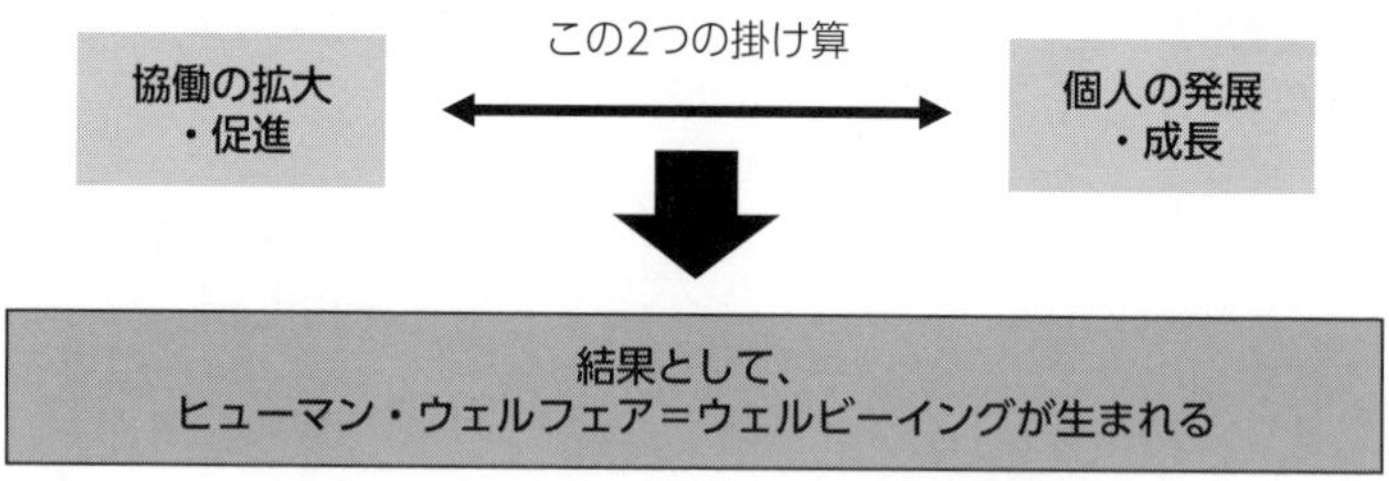

図31-5　ウェルビーイングの前提条件

です。併せて、組織全体にも努力が必要です。第1に、幹部層が考える組織の課題や風土改革を出発点とする施策の設計ではなく、真摯《しんし》に現場、若手などの声に耳を傾け、彼らに施策のラフ案まで提案させて、最後にそれに工夫を加えて会社の施策に昇華させることが効果的です。このようなステップを本気で踏んでいる会社や組織も出てきてはいるものの、まだ少数派です。

③打っている施策の質に問題はないか?

目標がピンボケで、カルチャーと人への仕事の「させ方」が旧態依然の中、「施策」も効果的になるはずがないですよね。当たり前のことです。人間集団としてのしなやかな強さを実現するための効果的な経営施策については、他に2冊の本を書いていることもあり、詳細にご関心があればそこでお読みいただくとして、簡単に概要だけ紹介します[*26]。

個人と組織のトレード・オンを実現するためには、「組織体質」の深層改革が求められます。ここにこそ「イノベーションのメス」を入れる必要があります。製品、サービス、テクノロジーの前に、急務となっているのは「マネジメント・イノベーション」なのです。しっかりした原理原則に基づいて、現場でも行動がとれる現実的な方法論として、ここ10年ほど次のような「トリプルA」を提案し、さまざまな研修、調査、企業アセスメントで使ってきました。

【Aその①】Anchoring　アンカリング(拠り所、束ねる力、求心力)

【Ａその②】Adaptiveness　自己変革力（進化する学習、創造性の解放、俊敏性）

【Ａその③】Alignment　社会性（誠実性、未来・社会とのベクトル合わせ、トレード・オンの戦略）

この「トリプルＡ」を具体的に９つの行動側面に整理して使ってきましたが、要点は次のようなことです。表層的で、直球を狙った施策では、組織の構成員の本当のエンゲージメントを上げることが困難です。必要となるのは、社会とつながり、社会に（事業を通じて）貢献していること（Alignment）の実感と、会社が持つ経済性以上のパーパスと将来目標による拠り所（Anchoring）の醸成、そして最後に、先に触れた創造欲・貢献欲を各人が満たせるためのクリエイティブで、アイデアを尊重し、俊敏に動く組織や現場（Adaptiveness）の実現です。

組織を率いるカタリスト型リーダーは、自分のスキルを高めつつも、このような観点からパス２にチームメンバーを導けるように、マネジメント・イノベーションを追求し、自発的な推進力を発揮できる組織を目指します。決して簡単なことではありませんが、４＋４のスキルや行動特性を身につけ、組織的な施策としてトリプルＡの各行動に継続的に取り組めば、着実にその大きな目標に近づくことができます。

第32章

リーダーシップ道場における「間の場」

「リーダー」といえば、チームや組織を率いる「指導者」のようなイメージが思い浮かぶと思いますし、その指導力を高めるための哲学とノウハウに満ちた書籍や動画もほぼ無尽蔵にあります。多くの場合は、「個人」としてのリーダーに焦点が当たり、リーダーシップ論を学ぶ私たちも、「自分という単体」をどのようにして磨き、「他者」をより上手に導けるかに関心を寄せたりします。つまり、個別の存在としての「リーダー」に焦点が当たっています。

これはもちろん間違ってはいませんが、「リーダーシップ道場」では、人と人の「間」にこそカギがあると捉え、その間の質を引き上げることによって、化学反応がおのずと起きるリーダーシップ・スタイルを提案しています。これが触媒として動くカタリスト型リーダーの本質です。

もちろん、時と場合によって、組織の長がトップダウンで強いリーダーシップを発揮しなければならないこともあります。しかし、これは「例外」であった方が健全です。**本来は、上に立つのでもなく、下から支えるのでもなく、間をよくすることでチーム全員が動きやすくなるリーダーシップ・スタイルが望ましいと思います。**人と人の間を埋めたり、つなげたりするのは言葉であり、ジェスチャーであり、振る舞いであり、そして組織でいえば風土やカルチャーです。ここに着目し、４＋４の行動特性を追い求めていけば、パーパスに立脚し、ミッションの達成に向けて動き、強制・恐怖や外的インセンティブによる方向づけを超え、内発的な動機の下、自走に近づく組織が見えてきます。この状態を組織論のフレデリック・ラルーは、「ティール型組織」と呼びましたが、そのあるべき状態を目指すためのステップを、この第3部では次のように描いてきました。

人と人の「間」の重要性とタイトルなきリーダーの本質
（＝人と人の間の質を引き上げることこそ対人関係改善の要）

・住みにくいこの世と、坂本龍馬が示した「間」の重要性
・4つの権威のタイプと、真のリーダーの本質

日本的組織の特徴と、デンマーク人から見たその良しあし
（＝組織文化の背景にある歴史と文化的な文脈を理解してはじめて、組織の構成員の深層動機がわかる）

・タテ社会における人間関係と場型組織
・ビジネス人類学者として見てきた日本的組織の鬱陶しさともったいなさ
・組織の中でせめぎ合う2つの部族―「だからできないんだ族」と「どうしたらできるか族」―と、そのどちらかを選択する必然性

カタリスト型リーダーの実践スキル
（＝触媒として、人と人の間に新しい化学反応を起こせるリーダーシップ・スタイルの本質を、8つの側面から分析）

・肩書きや部下の有無にかかわらず実践する4つの行動特性
・組織のリーダーであれば、さらにマスターすべき4つの行動特性
・個人と組織のトレード・オンを導くリーダーシップ
・人に仕事をさせ、共通目標に向かう2つのパス

福澤諭吉の有名なフレーズである「天は人の上に人を造らず、人の下に人を造らず」は、一見、ここで述べているリーダーシップ・スタイルに似ているように聞こえますが、彼のこの一文は、実は分脈から抜き取られ、間違った使い方をされてきました。彼は、何もここで平等主義を唱えたのではありません。『学問のすすめ』の本文から引用すると、意図していたことがよく見えてきます。

天は人の上に人を造らず、人の下に人を造らず、と言へり。されども今廣く此人間世界を見渡すに、かしこき人あり、おろかなる人あり、貧しきもあり、富めるもあり、貴人もあり、下人もありて、其有様雲と坭との相違あるに似たるは何ぞや。人は生まれながらにして貴賤貧富の別なし。ただ学問を勤めて物事をよく知る者は貴人となり富人となり、無学なる者は貧人となり下人となるなり。

最初は、誰もが同じ素質を持っているものの、学問に打ち込むかどうかによって、最終的な結果や社会における自分の立ち位置が大きく異なってくると、彼は主張していました（当然、社会の構造的な不平等が人を押さえつけている場合も多々あります）。組織におけるリーダーシップに関しても、同じようなことがいえるのではないでしょうか。対人関係を上手に演出できるリーダーは、貪欲に学び続け、新しい発想を無視することなく、これまでのリーダーの在り方や文化による縛りにも負けず、どんなカタリストになりたいかを自らの意志で決めて、行動します。これによってこそ、最終的な結果も大きく変わってきます。

本書の探求を、ここで終えるわけにはいきません。個人であれ組織であれ、私たちは社会、世界、地球、自然というより大きな系の中で活動していて、それらに深く依存しています。目の前の対人関係や、己の心身の管理に必死に取り組む中、「公のフィールド」まで自分の影響力を広げることは難しいとつい考えがちです。しかし、第４部で見ていくように、その場にまで発想と行動の輪を広げることは、翻って自分にとってもより豊かな人生を歩む大きな一歩に直結するのです。

第４部
公——社会、Cosmos、世界の場

第33章

スモールセルフで生きるか、ビッグセルフで生きるか

ネルソン・マンデラ（南アフリカ初の黒人大統領）、マザーテレサ（インドで貧困層のために人生の大部分を費やした修道女）、ガンジー（インドを独立に導いた活動家）、キング牧師（アメリカの人権活動家）……己を超え、弱者や社会のために人生をささげた偉大なリーダーとして、世界ではよくこの４人組が登場します。日本でいうとどうでしょうか――渋澤栄一、二宮尊徳、あるいはやはりあの坂本龍馬のような人物になるのでしょうか。彼らの「何が」特別だったのか。何ゆえに社会をリードする存在として歴史に名を刻んだのか。

彼らも人間として、私たち凡人となんら変わらず、自分の精神をどうコントロールするかで葛藤し、時には健康の維持に苦労し（誘惑に負けることも）、対人関係にも悩みながら過ごしていました。序章で紹介したとおり、私は、特に20代後半から30代の終わりまで、経済、環境、政治、社会学、未来学の第一人者と次々にお会いする機会に恵まれ、一緒に仕事をしました。いざ会ってみると、世界の偉大なオピニオンリーダーも、著名な学者も、国家元首もしょせん「ただの人」であることが見えてきます。世界的に名の知れたアメリカの経済学者でも、何度も同じスペルミスをしますし、３本指に入る未来学者はホテルの部屋でエッチなビデオを見ます。お腹がすいたり、疲れすぎたりするとイラ

イラもしますし、ヘンリー・キッシンジャーのように対人関係における基礎的な他者尊重を軽視する人もいます。彼らは、何も「特別なスーパーマン的存在」ではありません。しかし、置かれた状況、育ち、内なる何かによって、自分の小さな殻を破って、大きな自分で生きることを選択した（あるいは、させられた）人たちだといえると思います。世界と向き合い、時には公の領域に深く踏み込んで、自分1人の人生をはるかに超える影響を発揮する生き様を築いています。

意識的であるか否かは別として、このような「生き方の選択」は社会や公に対してリーダーシップを発揮する大きな一歩だと思います。「ここ、今、自分だけ」のために生きるスモールセルフの振舞いで一生を終えるか、それとも「他の場所の、他の人々にも思いを馳せ、将来のためにも行動する」ビッグセルフで生きるかは、誰でも選ぶことができます。

必ずしもなんらかの偉業を成し遂げる必要があるわけではありません。例えば、普通の市内バスの席を譲るか譲らないかというだけでも、ビッグセルフで生きる選択をすることができ、歴史に名を遺す場合があります。アメリカで、黒人の人権運動に若い時から参加していたローザ・パークスの人生が、その好例の1つです。20世紀半ば、アメリカ南部では黒人差別が当たり前のように見られ、例えばバスの中で白人と黒人は別々に、指定された席に座っていました。南アフリカで長年横行していたアパルトヘイト（人種隔離政策）と似た状況でした。ローザ・パークスという、当時40歳を少し過ぎた女性は、1955年12月1日に図らずもこの状況に大きな一石を投じる人物になりました。彼女は、バスでルールどおりに黒人の席に腰を下ろしていましたが、白人席が満席になったことを受け、乗り込んできた４人の白人は、その席を譲るよう要求したそうです。しかし、ローザ・パークスは譲ることを頑なに拒否しました。この行動によって、黒人に対する隔離政策の不平等が州の法廷で争われることになり、1年にわたりアラバマ州モントゴメリー市の黒人たちは連帯して、バスの利用をボイコットしました。熾烈《しれつ》な法廷闘争と市民活動の末、翌年の１９５６年に、アメリカ憲法14条「法の下の平等の保護」に違反するとして、交通手段などでの人種隔離が「違憲である」という判決が下されました。ちなみに、1年弱にわたるバスのボイコットを指導したのは、やはりあのキング牧師でした（当時、弱冠26歳）。

この話には、大切な教訓が含まれています。ローザ・パークスは、それまで米軍の基地や、白人夫妻のハウスキーパーと洋服を直す裁縫婦として働いていた、一見ごく普通の若い黒人女性でしたが、それで人生を終わらせない自分なりの選択をしました。その選択の背景には、人生で出会った人々の影響や若い時から人権活動に関わっていた経験がありました。しかし、あの日、バスで起きたことは当時としては日常茶飯事であり、彼女は拒否することで大変な騒ぎに巻き込まれることが必然的ではありませんでした。ローザ・パークスは、自らビッグセルフで生きることを選びました。社会というフィールドにしっかり足を踏み入れ、自分の存在を拡大する生き方を選択したのです。周囲の人々のバックアップも大きな要因でしたが、その勇気と生き方の覚悟が結果的に歴史を動かし、彼女を不滅のヒーローにしていきました。一人の人間が、社会変革の触媒＝カタリストとなりうることを示す素敵なエピソードです。

日本で生活する読者にとって、このような選択を突きつけられることはないかもしれませんし、社会の中で、「スモールセルフ」や「ビッグセルフ」を選ばずとも平和に暮らすことができるでしょう。しかし、リーダーシップ道場4つ目の場である「公――社会、Cosmos、世界」において、私たちはその選択を（よい意味で）迫られるのです。そこで、何をどう選択するかはいうまでもなく自由です。「対人関係までは自分として頑張るけれど、社会のことを考え、そこで何か変化を少しでも引き起こす人になることを、私は特に選ぼうと思いません」。このように生きていくのも悪くないと思います。だが、個人のリーダーシップをどのようにして磨き、太くしていくかをテーマとする本書からいえば、やはり、「これまでの自分」より少しでも大きな器で生きるという「ビッグセルフの選択」を提案したいと思います。「社会貢献をせよ」といっているものではありませんし、自分のコンフォートをすべて捨てて、会社を退職して「社会起業家になれ」、といっているわけでもありません。**「社会、世界、自然環境」を自分の思考フィールドと日常生活に引き込んでいき、より身近なものにした上で、これまで以上の影響力を発揮することで得られる充実感と、自分なりのよきレガシーをつくるための提案です。**

ビッグセルフで生きる決意をするためには、しかし、「ユアセルフ」の確立、つまり「自分とは誰であり、何を信じて生きているか」の点検が必要な場合もあると思います。もしもこのような内省と確認が必要と感じるのであれば、本書第1部を活用してください。どのような価値観に基づいて判断し、自分としてどんなライフアンカーやマイ憲法で日常を組み立てていきたいかを探求する中から、個人としての軸をしっかり据えることができるようになります。

この第４部では、ビッグセルフへの最初の一歩と、社会のカタリストとして行動するための世界観や方法論を紹介していきますが、その前に、従来の「リーダーシップの何が、どのようにして不十分だったか」について、少しばかり考えてみたいと思います。

第34章
世界は「リーダーシップの失敗」に直面している――正しく「リードする」とは

1995年1月。私は当時コペンハーゲン大学文化人類学部卒業間近の、27歳の学生でした。世界を股にかけて活動していたアメリカの環境運動家であり、ワールドウォッチ研究所所長だったレスター・ブラウンがデンマーク議会を訪問し、私は公開セミナーの参加者として彼の話にくぎづけになっていました。地球環境の現状をデータで緻密に紐解き、従来の延長線上の行動を続けた時に待ち受ける厳しい未来と、方向転換を図るための具体的な施策について、説得力満点のスピーチをされていました（私は、後に何度も彼を日本に招聘《しょうへい》し、日本市場向けの本も1冊ライティングさせていただきました*27）。そのだいぶ前から、そしてその後も80代半ばでリタイアするまで、レスター・ブラウンは世界を飛び回りながら、常にデータに裏づけられるかたちで警鐘を鳴らし続けていました。

議会の公開セミナーから早送りすること30年。彼が指摘していた未来の危機は、今、目の前に迫っています。本書で「環境問題」や「社会的な分断」について詳しく書くつもりはありませんが、地球社会が現在直面しているさまざまな課題の深刻さは、もはや疑う余地がないと思っています。原因や、悪化を続けるその状況を考えると、どうしても「リーダーシップ」について、ある疑問を払拭《ふっしょく》することができません。世界の政財界の中で、最も多くの情報を手に入れていて、**地球社会に変化をもた**

らし得る大きな影響力を有する「リーダーたち」は、なぜ人類社会をがけっぷちにまで導いてしまったのか。なぜ、より賢明な選択がとれなかったのか。今後、社会におけるリーダーシップの質は果たして変わりうるのか、と。

レスター・ブラウンが巧みに駆使していた情報は、誰もがアクセスでき、活用できるものばかりです。私自身も、彼に大いに触発され、その後のキャリアにおいて、常に「データ × 情熱」の方程式で仕事に挑んできました。「メガトレンド＝未来に続く社会の大きな潮流」を冷静に分析すると、今日とるべき選択や、設定すべき優先順位も自然に見えてきます。しかし、そのような選択は社会の表舞台では、されてきていません。

「リードする」とは、国民や組織のチームメンバーを指導し、共通目標に向かわせて牽引するだけで終わる話ではありません。第３部で取り上げたように、カタリスト型リーダーの１つの大切な行動特性は、「共通善・大義への決意」です。前に物事を進めれば、それだけで「リーダーシップ」を発揮したというのではなく、「どこに向かって」「何を目標に」リードし、最終的に社会全体として「どのような結果がもたらされるか」が問われます。この観点から見ると、どんなに大きな権力、情報力、実行力があったかではなく、それをどのように活用し、目先の利益、国益、自分益を超え、共通善や社会益につなげられたかがリーダーシップの質を測る尺度になります。

残念ながら、20世紀から21世紀初頭にかけてのリーダーシップは、このような基準と照らし合わせると、落第点といわざるを得ません。言い換えれば、近代のリーダーシップは失敗しています。特定の個人のリーダーシップが失敗しているのではなく、ある意味もっと根が深く、深刻なことが起きています。20世紀以降に、特に国際関係、政治、ビジネスにおいて実践されたリーダーシップ全体が、人類の生存や環境問題解決の観点から見て、「不合格」なのです。先につながる道をつくってきたのではなく、人類がこれまで経験したことのない袋小路へと導いてしまっています。

戦後、日本の経済界の品質経営確立に多大な貢献をしたアメリカのエドワード・デミング博士は、かつてこのように発言しました。「悪いシステムは、いかなる状況においても善良な個人の努力を無駄にする」(A bad system will beat a good person every time)*28。彼は、品質経営に関してこのように言っていましたが、私たちが築き上げてきた近代の社会システムに関しても、同じことがいえます。各国の政治で目標とし、政策の最優先事項と据えてきたことや、グローバルな株主資本主義において最も重視されている成功要件や経済指標は、いずれも狭い範囲の中で、特定の人々のための、一時的な成果をもたらすためのものさしでしかありません。広い視点から見て、長期にわたる影響を考えると、むしろ「システム障害」を引き起こしています。機能不全に陥ったシステムを、私たち1人ひとりが見て見ぬふりをするのではなく、あるいは「どうせ、自分には何もできない」と無力感に浸るのでもなく、社会をリードする一員として行動することを本書は提案しています。「トレード・オン」という考えや生き方を、「自分と他人」や「自分と組織」の範囲から、「自分と社会」、「自分と未来」にまで広げることを意味します。

どのようにして、「公、社会、世界」を自分の思考フィールドと日常に引き込めるか。トレード・

オンを社会まで広げるために、どう行動したらよいかを次に考えてみたいと思います。おそらく多くの人にとって、日々の仕事と生活に翻弄される中、そこまで発想を拡大する余裕がないかもしれません。また、すべての人が社会起業や環境問題の解決を仕事にできるわけでも、したいわけでもないと思います。次の章では、３つの異なる広さのアクションフィールドから、誰であろうととれる行動に焦点を当てていきます。

第 35 章
トレード・オンを社会まで拡大して生きる

自分の生き方と社会や世界の間に、一体どのようにしてトレード・オンの関係性を築けるか。複雑に聞こえるかもしれませんが、少し整理してみるとそれほど難しいことではありません。第3部で取り上げた「トレード・オン」は、個人と組織、暮らしと仕事の間の「善の循環」に関するものでしたが、「自分と社会」で捉えてみると、次のような絵が浮んできます（図35-1）。

可能ならば、このマトリクス右上のフィールドに人生を「移動」させたいと、大半の人が思うのではないでしょうか。多くの場合、問題はｈｏｗになります。トレード・オンを社会まで拡大するとは簡単にいえることですが、実践の手がかりがない人にとっては、到達のイメージがわきません。これまで実施してきた日本企業向けの研修で、大半の受講生は自分の社会への関わりが薄いと感じていて、「何かをしたいが、どこから始めたらよいかがわからない」と言います。この悩みを解消するために、「現在、何1つ社会に関わっていない人」から、その対極にいる「社会起業家として活躍している人」に至るまでをカバーする3つのアクションフィールドを紹介します（図35-2）。

この3つのフィールドの意味はこの後説明しますが、もちろん正解が存在するわけではありません。フィールド3がフィールド1より優れているということもありません。それぞれの人のライフステージ、家族の状況、性格などに合わせて、どのフィールドで社会と関わってもよいと思います。ただし、現在、この3つのフィールドの外でしか生きていないのであれば、本書の提案としては、ぜひそのいずれかに入り込んでみて、自分の周りに何が起きるか、自分の生きがいや暮らしの充実の観点からどんな変化が生じるかを試していただきたいと思います。当然、いずれかではなく、すべてのフィールドで同時に活動する人も存在します。

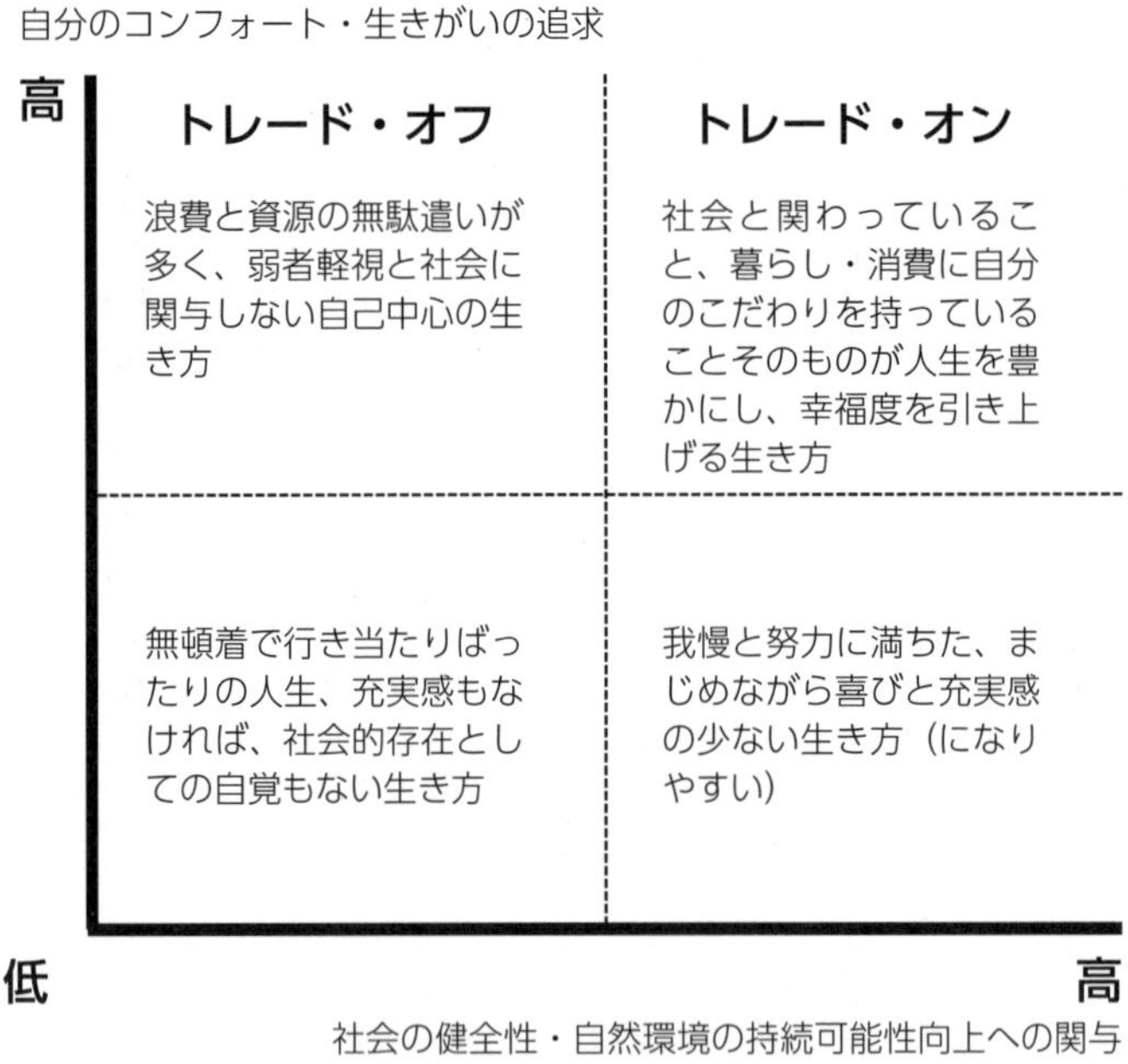
自分のコンフォート・生きがいの追求
高
トレード・オフ
浪費と資源の無駄遣いが多く、弱者軽視と社会に関与しない自己中心の生き方
トレード・オン
社会と関わっていること、暮らし・消費に自分のこだわりを持っていることそのものが人生を豊かにし、幸福度を引き上げる生き方
無頓着で行き当たりばったりの人生、充実感もなければ、社会的存在としての自覚もない生き方
我慢と努力に満ちた、まじめながら喜びと充実感の少ない生き方（になりやすい）
低
高
社会の健全性・自然環境の持続可能性向上への関与

図35-1　自分と社会・世界の間のトレード・オン

フィールド1：日常・暮らしに「社会を少し持ち込む」

社会が自分にとって遠い存在と感じているのであれば、何らかのリーダーシップを発揮することもできません。まずは、自分の性に合ったかたちで、社会を身近なものにするための日常的な行動を2つ、3つとることをおすすめします。ごくシンプルなこと、例えば「必ず投票に行く！」とか、週末にボランティア活動に参加するのでもよいと思いますが、「義務感」で取り組んでいては長続きしませんし、社会と自分の双方が利するトレード・オンにもなりません。私自身が、日常に社会を少し引き込んでいるいくつかの例を紹介したいと思います。できることは、実は山のようにあるのです。

・買い物

可能なところ（価格面も無関係ではありません）では地元野菜、有機野菜や有機の醤油《しょうゆ》、みそなどを買います。鶏は、この世で最も虐待されている動物ともいわれ、卵を買うときは安いものを避け、質のいい卵を買います。買い物は、社会へのこだわりを実践に移せる素敵なフィール

図35-2　トレード・オンを社会まで拡大する「3つのアクションフィールド」

ドであり、私たちが毎日「お財布で投票」できる世界でもあります。

・自宅や事務所の電力

最近は、同じ価格でCO_2フリー電力を導入することができるようになりました。環境に深くこだわるベンチャー企業が提供するグリーン電力も、大手企業が淡々と展開するサービスもありますが、私の場合は、自宅と事務所で別々の業者とCO_2フリー電力を契約しています。

・車

カーシェアリングを一時期使っていましたが、事情によってどうしても車を持ちたいこともあると思います。その場合、電気自動車もよい選択ですが、もはや車を「買う」必要もありません。私自身は、ハイブリッド車をリースしています。丁寧なアフターケアと、おまけに車検の費用なども込みのため、わずらわしさがかなり減ったと感じます。

・食生活

食は結構大きなインパクトをもたらし得る世界です。私の場合は、2008年にシカゴのステーキハウスで「肉を卒業」し、現在はペスケタリアン（魚、乳製品を食べるベジタリアン）として暮らしています。環境負荷低減だけでなく、動物福祉の観点から、自分として120％納得している生き方であり、日本ではその実践もさほど難しくありません。これがどうしても難しいと感じる人は、「減肉増菜」の生活がおすすめです（健康面でもメリットあり！）。

・寄付をする

かつては、コンビニに行くときに、必ず財布にある「50円未満の硬貨」をすべて寄付するポリシーを持っていましたが、今はアフリカの子どもの里親などをしています。最初に応援したエチオピアの男の子は、幸い18歳になり高校も卒業し、支援が不要になるところまで健やかに成長しました。現在は、戦争に苦しむスーダンの9歳の女の子を支援しています。

いくつかの簡単な例に過ぎませんし、これらが「正しい」取り組みであるというつもりもありませんが、社会とつながっている感覚は、日常の中に確かにあります。個人としてのこだわりや経済力にフィットする形での実践をおすすめします。

フィールド2：同僚・仲間・組織に対する「影響の輪を拡大する」

リーダーシップ本として空前のベストセラーとなったスティーブン・R・コヴィーの『7つの習慣』（FCEキングベアー出版）で、彼は「関心の輪」と「影響の輪」について語っています。私たちは、職場などで必ずや周囲に何らかの影響を与えられるのに、それを活かす人（影響の輪を拡大する）と、むしろしぼませる人（影響の輪を縮小させる人）がいると言います[*29]。

フィールド1での実践を通じて社会への関わりを強めていくと、仕事の中でもやりたいことや目指したい未来が変わってくることがあります。その思いを仕事の内容に持ち込んで会社の同僚と一緒に取り組むことも、転職して自分により合った実践の場を見つけるもできますが、どちらにしても役職の有無にかかわらず周りによい影響を与えることができます。ほとんどの人は、説教されることを嫌いますが、有言実行を出発点に、ちょっとしたこだわりや新しい（社会的な）視点を仕事に持ち込むと、徐々に回りも感化されることがあります。大手企業にお勤めの方も含め、私はこのような働き方を目指す多くの仲間に恵まれてきました。彼らは、短期的な利益偏重型の企業経営に苦しむ時もありますが、その中でも自分の軸をしっかり据え、サステナビリティや環境に一定のこだわりを持って仕事に挑むことで、明らかにそうでない人より働き甲斐を高めています。

社内で「勝手勉強会」を立ち上げ、有志でサステナビリティなどについて学び合うサークル活動に励んだ男性社員。上司とタグを組んで海の炭素クレジット「ブルーカーボン」の事業提案を社長に対して行い、新しい専門チームまでつくった若手の女性社員。自分が実現したい事業案を早く実らせるため、あえて大手企業に入社し、初期から1000万円程度の予算を確保し、上市に成功したイントラプレナー（社内起業家）など、さまざまな面白い例を見てきました。しかし、残念ながら多くの人は、それほど自分の影響の輪を広げられないと思い込んでいます。せっかく組織に属しているのであれば、その中に社会・世界・自然の視点を持ち込んで好きな活動を展開すれば、よっぽど奇抜なものでない限り社内ネットワークの拡大と、仕事のやりがいの向上につながります。

フィールド3：「社会にしっかり足を踏み入れ」変革者として振る舞う

フィールド3のタイトルを見ると、「社会起業家」のイメージが浮かぶかもしれませんが、何ものような「ソーシャル・アントレプレナー」になることが前提ではありません。最近、世界で注目され始め、私が代表理事をしているNPO法人NELISが丸井グループとともに広めようとしている新しい働き方に「ソーシャル・イントラプレナー」があります。社会価値の創出を目指す社内起業家を意味する言葉ですが、働き手にも、組織にも新しい可能性を与える素敵な考えです。既存組織（企業でなくてもよい）にいながら、そのリソースを活用し、組織の理念やパーパスと一定の整合性を図りつつ、自身が取り組みたい社会・環境のイシューを事業提案や新企画に反映する働き方です。1970年代後半に、「イントラプレナー」という造語をつくった米国のギフォード・ピンチョ3世は、「会社を辞めなくても起業家になれる働き方」として提唱しました。1人で社会に飛び出して組織をつくり、資金調達も行う社会起業家ほど自由はないかもしれませんが、一方でリスクも負荷も圧倒的に少ないのが魅力です。

企業やビジネスの世界においてだけでなく、住んでいる町に上手に働きかけて、政策を変えるという可能性もあります。千葉県に住む仲間の1人は、オーガニック給食を市に提案し、徐々に行政も感化され、都市丸ごと「オーガニック・シティ」を目指すことになりました（木更津市）。

ここで紹介したのは、ごく限られた例に過ぎません。どのフィールドが自分に合っているかを吟味し、社会を日常に持ち込んでみてください。フィールド1だけでも人生は少し豊かに感じられますし、フィールド2や3にまで踏み込むと、一定のしぶとさや忍耐が必要ですが、もしかすると自分では発揮できないと思っていた波及力を生み出せるかもしれません。「一波僅《わず》かに動いて万波随《したが》う」という昔の言葉がありますが、反対にいえば、波を1つも起こさない生き方からは、他に対しても派生・波及することがありません。

第 36 章

取引型リーダーシップと変革型リーダーシップの違い

社会にしっかり足を踏み入れ変革者として振る舞う。自分から、公・社会・世界に波が波及するように生きる。これこそが、前章でいう「フィールド3」で行動する人の目標であり、深いモチベーションです。このフィールドで、カタリスト型リーダーとして成果を上げるために、「取引型リーダーシップ」と「変革型リーダーシップ」の違いを認識することが役に立つと思います。

取引型のリーダーシップ（英語では、transactional leadership という）は、既存のシステムや組織の中で、パフォーマンスとそれに対する報いが明確なルールによって行われることを前提とするリーダーシップです。「何をすれば何がもらえる」という、「取引関係」が明確です。現状を大きく変えようとする場合が少なく、変化がゆっくり起きることを是としますし、組織の外にある大義や社会的な意義も、あまりモチベーションの源泉になりません。会社の「リーダー」であれば、あくまで組織の境界線の中で、取引のルールを駆使して部下を導いていこうとします。

このようなリーダーシップは、システムに大きな問題がなければ有効なときもありますが、第34章で取り上げたような「システム障害」に直面しているのであれば、むしろ悪しき慣行の延命につながります。そこで必要になってくるのは、変革型リーダーシップです（transforming／

transformational leadershipといいます）。これはそもそも、アメリカの歴史家で後にリーダーシップ研究の第一人者となったジェームズ・マックグレガー・バーンズが1970年代に提唱した考えです。彼は、transforming leadershipと言っていましたが、後にその考えに触発された多くの学者らは、私から見ると割とチープなかたちで、組織内のリーダーシップに限定して変革型リーダーシップを語ってきました。

元祖だったマックグレガー・バーンズは、深みのある素晴らしい着眼点を持っていました。「リーダーシップ」は、何も指導者のカリスマ性や個人の特性だけに関するものではなく、大きな共通善の実現のために（つまり、己を超えた社会や組織のパーパスを見据えて）、リーダーとフォロワーがより高い次元のモラルと動機に基づいて、ともに行動することと定義しています。そして、リーダーとフォロワー双方の成長がそこにあるとも指摘していました[*30]。

リーダーとフォロワーは、ともに行動することで、より高い次元のモラルと、より高い次元のモチベーションへと進歩します。

その「より高い次元のモラルと動機」の先にあるのは、公であり、社会全体の質的な改善です。第3部で紹介した、人に仕事をさせる「2つのパス」のモデルと照らし合わせて考えてみましょう（図36－1）。

社会も視野に入れて行動する変革型のカタリストは、組織の先にある大きな共通善をリーダーシップの起点とし（図の右）、もはや人に仕事を「させる」のではなく、お互いを高め合いながらその大義やパーパス実現のために行動を重ねていきます。カタリストとして、一段と自分の器を大きくしたリーダーシップ・スタイルともいえると思います。私から見るとマックグレガー・バーンズ他が多用する「フォロワー」という言葉そのものも、やや古びた考えです。社会にまで足を踏み入れる本当の変革型カタリストは、フォロワーではなく、ともに旅する仲間＝コ・トラベラーを自然につくっていきます。

変革型のリーダーは、既存のシステムに甘んじません。もしも社会や組織のシステムが機能障害を起こしているのであれば、日々発生する課題をなんとか既存のやり方やパターンにはめようともしません。どこをどのようにいじればシステム全体がよくなり、そこに関わっている人間の可能性をいかにしてより効果的に解放できるかを

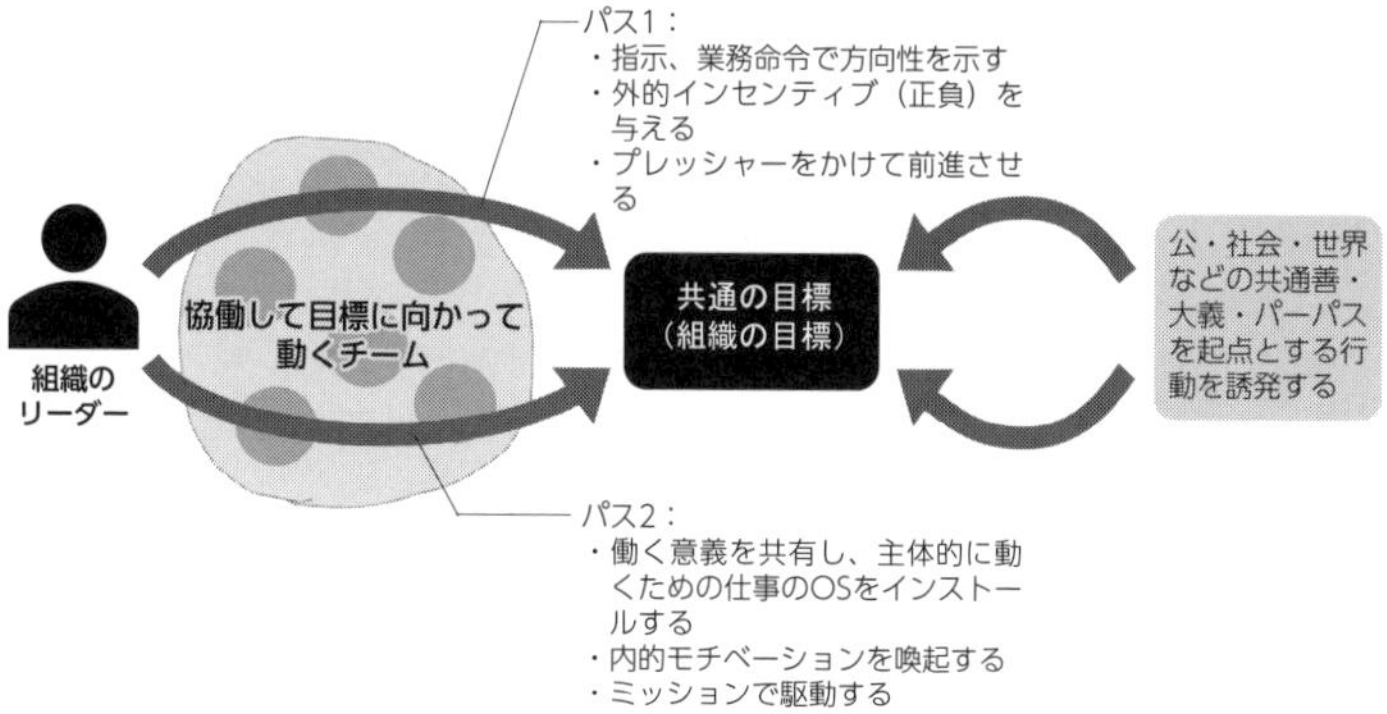
パス1：
・指示、業務命令で方向性を示す
・外的インセンティブ（正負）を与える
・プレッシャーをかけて前進させる
組織のリーダー
協働して目標に向かって動くチーム
共通の目標（組織の目標）
公・社会・世界などの共通善・大義・パーパスを起点とする行動を誘発する
パス2：
・働く意義を共有し、主体的に動くための仕事のOSをインストールする
・内的モチベーションを喚起する
・ミッションで駆動する

図36-1　人に仕事をさせる「パス」から、コ・トラベラーとともに動く「パス」へ

考え、行動します。

取引型のリーダーは、どうしても「自分という個にとってのメリットとデメリット」を中心に考えがちですが、変革型のリーダーは、「己を触媒として、周囲の人をエンパワーし、より大きな共通善をどのようにして実現できるか」を考えます。

「こんなのは、私には無理だ！　次元が高すぎる」……そう言ってしまいそうな読者もいると思いますが、そんなことは決してありません。パキスタン北部21歳の女性でも、ネパールの農業大学で学位修得中の学生でも、変革型のカタリストとしてのスキルを身につけて、本人も信じられないほどの影響を周囲に与えることができます。その具体例は、次の章で紹介しますが、その前に取引型リーダーシップと変革型リーダーシップの違いを、図36-2で確認したいと思います。

取引型のリーダーシップが必要な場面もありますし、変革型リーダーといえる人でも、時と場合によっては、明確な取引型の関係の中で動かざるを得ません。しかし、組織を超えて、公のためにも行動するカタリストは、徐々に変革型リーダーとしてのスキルを磨き、より深く、より大きな変化を起こそうと行動せずにはいられないのです。

次の章に進む前に、いったん、単なる「変化」(change) と、変革型リーダーシップが目指す「変革・変容・変質」(transformation) の違いについて、マックグレガー・バーンズの考えを紹介します。通常の「変化」であれば、ＡとＢを入れ替えるとか、同じ枠内でちょっとした違いをもたらすことが目標となり、まさに取引型リーダーが通常とるアプローチです。それに対して、「変革・変容させることを目指す」とは、次のようなことを指します。

……より深い意味を持ちます。形や構造に質的な変容（動植物の世界でいう変態）を引き起こすことであり、あるものの状態や性質そのものが変化し、外見や内なる特性が変わります。（物語で）カエルが王子に変わるように、あるいは、かつて馬車をつくっていた工場（こうば）が自動車の工場（こうじょう）に変わるように。変革型リーダーシップが育むのは、この変化の「幅」と「深さ」なのです。

	取引型リーダーの場合	変革型リーダーの場合
既存組織・システムの見方	システムのルールの中で思考し、行動する	システムの機能不全が目について、全体の改善・変容に動く
動機づけの源	ボーナスや処罰など、外的な要因が主な動機となっている	大義の追求＋内なる動機によってモチベーションを高める
変化への姿勢	最小限にとどめたい、段階的な変化が望ましい	システムが健全に動いていればよいが、そうでないと感じる場合は、深層変化を目指す
他者・チームとの付き合い方	何をメンバーに提供し、何を彼らから引き出せるか（取引思考）で他者と接する	他者をエンパワーし、お互いを高め合いながら、より大きな「善」に向けてともに行動する

図 36-2　取引型リーダーシップ vs. 変革型リーダーシップ

第37章

変革型リーダーは、タイトルもフォロワーも不要

日本で2015年に共同創業したNPO法人NELISは、世界各地で社会イノベーションや社会変革に取り組む20代~30代の次世代リーダーを、これまで万の単位で育成しています。アフリカ、アジア、中東、ラテンアメリカに事務局を設置し、同じカリキュラムに基づいて、それぞれの言語で9カ月のトレーニングプログラムを提供しています。

まずは、サステナビリティ、倫理的で変革型のリーダーシップ、社会起業とイノベーション、プロジェクトマネジメントなどについて学び、その後、それぞれの地元でより若い「リーダーの卵」を巻き込んで、自分が学んだことを彼らに伝授します。最後に、希望する受講者は、地元のその若手（チャンピオンと呼んでいます）とともに、コミュニティが直面している課題を解決すべく、チームで企画を立て、プロジェクト実施計画をつくります。NELISの現地事務局で承認したこのような「コミュニティ・プロジェクト」に対して、わずか1000ドル程度の奨学金を与え、取り組んでもらいます。執筆時、約65カ国で、累計130カ所以上でこのようなプロジェクトを支援しています（10代の妊娠回避、生理貧困への対応、若者のソフトスキル開発、プラスチックのアップサイクリング事業、ケミカルフリー農業の啓もう活動など、内容は多岐にわたります）。この過程の中で、名も

なき社会変革型のカタリストが生まれたことを、何度も目の当たりにしています。

パキスタン北部、山岳地帯が壮大なギルギット・バルティスタン州のビビ・タイファ。彼女がこのOne Million Leadersフェローシップ（ＯＭＬ）に応募した時は、まだ21歳でした。しかし、そのまなざしと肝の座り方からは、すでにリーダーになる覚悟を感じとることができました。「私は自分のコミュニティを変えたい！　貧困層の女性たちも活躍できるようにしていきたい！」と、プログラムが始まる前の面接で力強く語っていました。そして、9カ月の旅の中で、彼女はみるみる成長し、本人も終了後に、I stand before you as a transformed leader!（私は、大きく変容したリーダーとして、あなたたちの前に立っています）と発言しました。まさしく、前章で紹介した変革型リーダーシップの好例を、彼女自身の成長に見てとることができました。22歳で、地元コミュニティで中古のミシンを数台購入し、作業場所を確保し、22人の貧困女性のために職をつくることができました（中には、彼女の倍程度の年齢の人もいました）。その女性たちの家族も含めると、タイファ1人の思いと行動力でおそらく100人程度の人生を変えています。そして、彼女の器が大きくなったことによって、波及力はその後も着実に拡大し続けています。

ネパールで農業の学士号をとろうと励んでいた1年生のスニータ・アチャリャも同じように自ら大きく変わり、周囲に影響を与えています。先住民の技能と地元の女性を動員して、それまで捨てられていたバナナの茎（繊維）を使って、バッグをつくる小さな社会企業を起こしました。私たちが提供したプログラムでの学びと、事務局による入念なメンタリングを経て、この若い女性は自分でも大きく成長したことを実感し、やがてコミュニティで尊敬されるカタリスト型リーダーへと、わずか15カ月程度で変容しました。このような例は、展開してきたフェローシップを通じて、いわゆるグローバルサウスでほぼ無尽蔵に生まれています。

タイファも、スニータも「タイトル」もなければ、「フォロワー」も、元々はいませんでした。「組織」も持っておらず、「人に仕事をさせる」明確な手立てもなんら持っていませんでした。当然ですが、何か「取引のリターン」を期待して取り組んだわけでもありません。自ら志を立て、難しい状況の中で動き出したことによって、多くのコ・トラベラー（旅の仲間）が現れ、目の前に立ちはだかる課題を乗り越えながらリーダーとして育っていきました。おそらくリーダーシップ論を展開する世界の教授たちの書物に、彼らが登場することもないでしょう。しかし、立派な変革型リーダーであり、コミュニティを新しい状態に導いたカタリストといえます。

彼らは、思いっきり社会と深く関わる「フィールド3」に飛び込み、自分の1つの波を万人の波へと広げていきました。このようなポテンシャルを秘めている名もなき「リーダーの卵」は、日本も含め世界各地に多数存在しますが、多くの場合は脚光を浴びることも、リーダーとしての能力を発揮することもできずに終わります。タイファやスニータのような若いリーダーは、本気で社会変革に取り組んでいますが、何も血まみれの革命だとか、体制の転覆を目指しているのではありません。ただ単に、自分が実現したい未来のために動き出し、自らの帆柱を立て、ネットワークを広げ、行動を重ねているに過ぎません。

トランスフォーメーション（変革・変容）とは、サナギがチョウに変身するような「変容・変態のプロセス」であり、そう簡単に実を結ぶものではありません。それでも、たとえ一個人であっても、1年程度で大きな変化を実現することが可能であり、100人や1000人の単位で周囲の人も巻き込むことができます。

難易度が上がり、複雑になるのは、「組織、コミュニティ、社会」そのものに深い変革をもたらしたいと思って行動するときです。既存の成功モデルによる慣性、保守的な「だからできないんだ族」による抵抗、社会システムに潜む機能不全、権力構造による弾圧など、変革を実現する途上には、いくつもの障害が現れたりします。掲げた目標の達成まで、かなりの努力と長い時間を要します。次の章で、時にはつらいと感じるこの旅路の途上で、変革型リーダーとしてのしなやかな強さ（レジリエンス）を身につけるための5つの心の拠り所を、私の実体験に基づいて紹介します。

第38章
変革リーダーを強くする5つのP

インドのマハトマ・ガンジーが、南アフリカからインドに帰国し、政治活動に関わり始めてから望んでいたインド独立まで30年弱（1918～1947）。南アフリカのネルソン・マンデラが黒人のユース活動に関わり始めてから、自分の夢であった民主的で自由な国を実現するまで（大統領就任まで）、ちょうど50年（1944～1994）。

社会を大きく変えるには、少なくとも「10年の計」で取り組む必要があったりします。大きな組織であっても、その風土や行動様式を抜本的に変えようと思うなら、同じように5～10年かかる場合があります。

読者は、そこまで大きな抱負を抱き、あるいはそれほど甚大な課題に立ち向かってはいないかもしれませんし、「ガンジーやマンデラと比較をされても！」と思われるかもしれません。しかし、それでも社会や会社・組織に存在する「当たり前の、これまでの成功モデル」と本質的に異なる変革を成し遂げようと動く場合、必ずや次の3つのことが起きます。

①思ったより時間がかかり、

②心がくじけそうになる困難に直面し、
③予期せぬことが何度も発生する。

　仮に「社会変革」に取り組んでいなかったとしても、起業された人ならばこれが現実であることを経験していると思います。旅路にちりばめられている茨《いばら》によって怪我を負うのではなく、むしろ成長へのよき刺激にするための原則、心得、価値観は果たして存在するのでしょうか。

　このテーマについて、前章で紹介したＮＰＯ法人ＮＥＬＩＳの世界大会で、地球の津々浦々から集ったメンバーの間で何年にもわたり議論しました。２０１５年、２０１７年、２０１８年と日本での世界大会を重ねていくうちに、徐々に「５つのＰ」で構成される、ある体系が浮かんできました。私たちは、これを「５Ｐのリーダーシップ・モデル」と呼ぶようになりましたが、本来は、「リーダーシップのモデル」というより、大きな（社会）変革を実現しようとする道程の中で、変革者としてのレジリエンスを高める心の拠り所と考えた方が適切かもしれません。定義はともあれ、実践において常に立ち戻れるこの５Ｐモデルを図38‐1で紹介します。

①純度・原則（PURITY, PRINCIPLE）
　純度・原則というと少し違和感を覚えるかもしれませんが、それは意図してのことです。「純度」の重要性は、ＮＰＯ法人ＮＥＬＩＳを一緒に立ち上げてくれた、滋賀県屈指の経済人であり、社会

変革者の秋村田津夫がこだわっている言葉です。社会において真に新しいことに取り組むとき、「成功するか否かは、その人の純度にかかっている！」と、彼は常々指摘してきました。つまり、簡単に自分の原理原則を曲げたり、コップの中の水を濁したりする人、困難な局面に差しかかってすぐ近道をとるような人は、大きな変革を成し遂げられないということです。周囲の信頼を獲得することができません。

私自身は、会社で苦しいときも、個人的に窮地に追い込まれた局面でも、このＰの重要性を一度もないがしろにすることなく行動し、そのおかげで、信じられないほど人に助

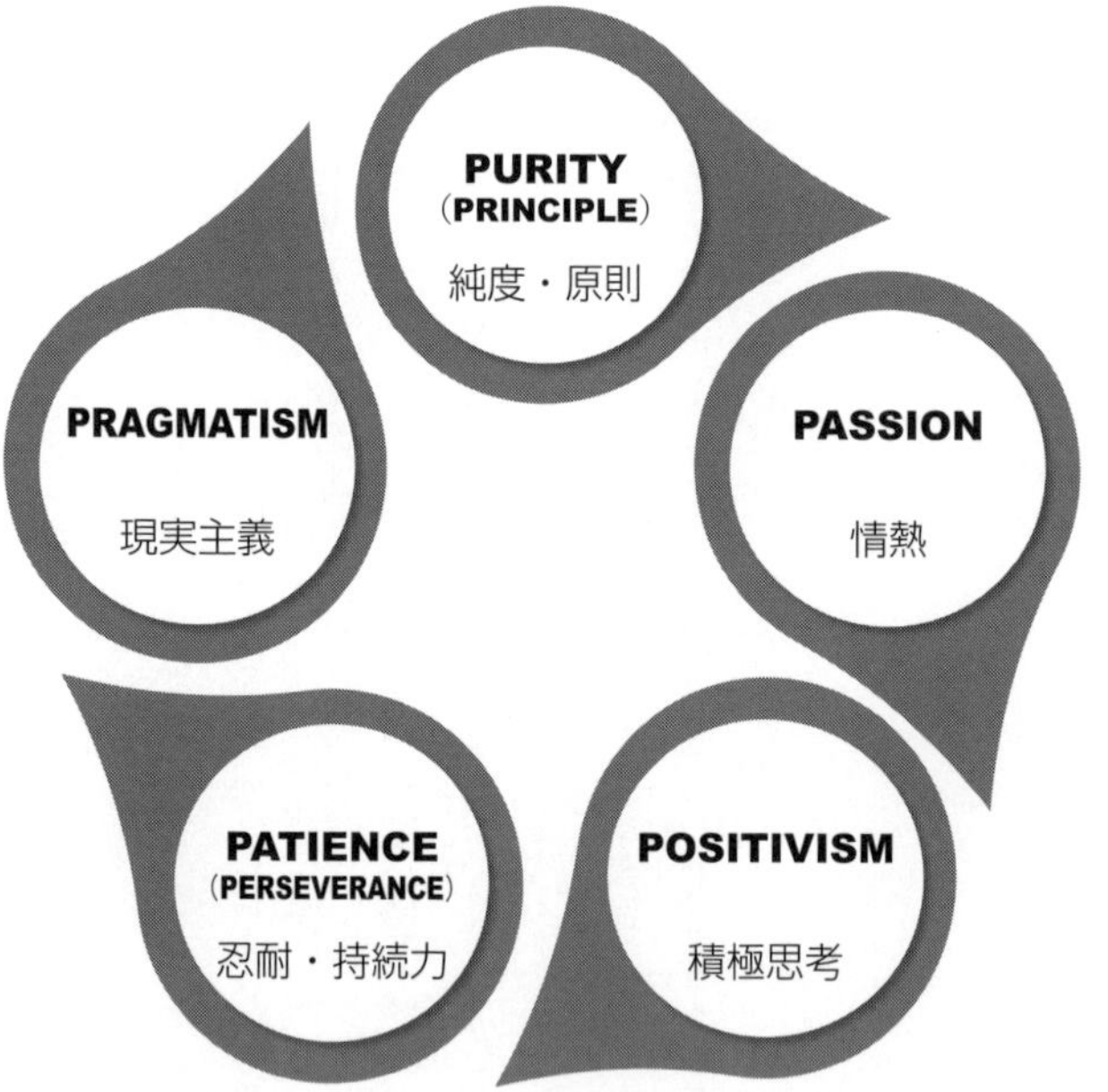

図 38-1　5P のリーダーシップ・モデル

けていただきました。純度を失わずに歩み続けられる――これが、最初のＰとして極めて大切です。

②情熱（PASSION）

情熱には、いろいろなタイプがあると思いますが、問題はその持続にあります。熱しやすく冷めやすいのでは、社会変革を実現することができません。どのようにして、３年、５年、10年にわたり自分の内なる灯を打ち消すことなく取り組めるかが問われます。途中で燃え尽き症候群になってしまう人も多く、パッションの持続はなかなか簡単にできません。情熱維持のために必要となる「不倒の三角」については第39章で紹介しますが、いうまでもなく土台としては、健全な精神と健康な肉体が必要になります。そして、面白いことに、一見情熱とは相容れないように思える、５つ目のＰである「現実主義」も欠かせない場合があります。

③積極思考（POSITIVISM）

積極思考、これがOptimismの和訳として置いた言葉ですが、普通に考えると「楽観主義」が正しい訳と思われるかもしれません。しかし、明日をただ楽観していても、望ましい未来が訪れることはありません。自分が成し遂げたい大きな目標のためには、明るい未来のイメージを念頭に、常に積極思考が必要になります。これは、本書の第1部や第3部ですでに触れてきたテーマでもありますが、レジリエンスの高い人とそうでない人の違いが、ここにもあります。ジャーニーの中では、ほぼ

１００％の確率で困難や不測の事態に遭遇しますが、そこで崩れる人と、積極思考で打開策を考えて前進する人とに分かれます。「レジリエントな人は、〝こんちくしょう！〟と思うようなことが必ず起きる」ことを理解していて、そこから挽回します（レジリエンス心理学の大家、ルーシー・ホーン教授の指摘です）。日本では、戦前から戦後にかけて活躍した先述の中村天風がこの原則を「絶対積極」と名付け、彼の教えの中心的な言葉として広めていました。

④忍耐・持続力（PATIENCE, PERSEVERANCE）

忍耐・持続力が大きな変化を成就させるにあたって当然重要ですが、これが情熱のＰとよく喧嘩をする側面でもあります。個人的にも、この忍耐と次に紹介する現実主義で、最も苦労してきました。自分が心より「正しい」と思うこと、情熱を燃やしてなんとしても「早く」実現したい変化に対して、他者は無関心だったり、違った利権があったりするなど、思うようなスピードで物事が進まない場合が多々あります。そこで、「忍耐筋肉」を鍛えるのと同時に、大きな目標に向かう中での小さな成功を祝福しながら先に進むことが大切です。忍耐筋肉は、性格によって鍛えやすい人とそうでない人がいますが、心と体の場における実践に加え、第39章で紹介する「不倒の三角」は、確実にこのマッスルを強化できる拠り所となります。

⑤現実主義（PRAGMATISM）

現実主義は、大きな目標を達成するために必須になります。自分のビジョンや理念を犠牲にし、そぎ落とすことを意味しているのではありません。むしろ、大きなものを成し遂げようと思うからこそ、その長い旅路の上で、時には同じ夢を共有できていない人や組織の立場にあえて立ってみる必要があります。そして、情熱で燃え尽きる前に現実主義をほどよく取り入れることで、より大きな目標への階段を登っていくことが可能になります。

ここでも、ネルソン・マンデラ大統領の例が非常に力強く、わかりやすい。彼は、ここまで触れてきたように、「獄中27年」という、残酷な日々を過ごしました。南アフリカを支配していた白人をただ憎み続け、話し合いを一切持たない気持ちになってもおかしくはなかったと思います。しかし、マンデラは、自由で、黒人も投票できる民主的な国の実現という大義に向かう中、必ず現実主義も必要になると悟っていました。そのため、獄中ながら、彼は白人たちの歴史を深く勉強し、彼らの言語（アフリカーンスという）を覚えました。さらに、刑務所の最後の数年は、あえて白人を憎んでやまなかった他の囚人たちと別のところで獄中生活を送る選択をとり、少しずつ白人政府との折衝を重ねていきました。1989年12月13日、ついに、白人大統領のデクラークと秘密裡《り》に面談が実現した時、マンデラはアフリカーンス語であいさつし、南アフリカ白人たちの歴史の栄光に触れ、その偉業をたたえました。

長い獄中生活で数々の不条理と処罰、屈辱的な行為に直面し続けていた人が、これを実行する難しさを想像してみてください。マンデラのこの行動は、デクラーク大統領の心にも大きく響き、憎悪が徐々に尊敬へと変わっていきました。そして、たった2カ月後、マンデラは釈放されました。現実主義がマンデラに全くなかったとすれば――言い換えれば自己の主張だけをいつまでも声高に叫び続けていたならば――彼の大きな夢も実現できなかったことでしょう。

「千里の旅も一歩から」と、中国の思想家老子が言っていましたが、実は「一歩」や「二歩」だけであれば、誰でも歩めるのです。難しいのは、そこではありません。百歩目、五百歩目まで続けることが困難です。ある山を越えて目的地にもうすぐたどり着くと思いきや、その先には新たな山が立ちはだかります。この時にこそ、５Ｐに立ち返ってみて、それらを磨き実践することで、変革者としての前進力をぜひ向上させてください。その支えとなる、「不倒の三角」を次の章で紹介し、いよいよ本書の結びへと進んでいきます。

第39章

大きな変革に挑む人の支えとなる「不倒の三角」

２０００年夏。数名の友人と、東京青山にある国連大学のカフェで新しい会社の設立について、楽しく議論していました。本書でも紹介している㈱イースクエアの設立へとつながる会話でしたが、当時、私たちは笑いながら「じゃ、１億円の資金調達でもしてみるか！」と、なかば冗談の気持ちで夢見ていました。そんな大金を集めた経験のある人はいない中で、半分は絵空事と思いながら語り合っていたことを、今でも鮮明に覚えています。

その1年3カ月後、志を高くかかげ、入念につくった新会社の企画書を武器に、そして数百人の訪問を経て集まった投資資金は、１億３４０９万円でした。一生忘れることのない数字です。72人のエンジェル投資家がその夢に共感し、中にはＡＴＭの前に立った時に、ふと約束していた倍の金額を振り込む人もいました。その方々に対する感謝の念は決して忘れることがありませんが、ここでは、少し違ったことがポイントです。２０００年の時点で、環境事業やサステナビリティのコンサルティングに特化した会社を立ち上げるのは、いうまでもなく第38章で触れた3つの困難に遭遇する日々でもありました（売り上げが立つのに時間がかかり、不眠不休と困難の多さで倒れそうになり、次々に予期せぬ課題が発生します）。２００１年春から２００４年春までの計36カ月間は、月次のキャッシュフローが毎月マイナスでした。つまり、「払うべきものが払えない」という、由々しき状態が3年も続いていました。会社の財務は、銀行が一番嫌う債務超過（会社の負債（累積赤字）が資産を上回っている状態）に陥り、メガバンクは特に何もしてくれません。事務所の家賃や公的資金の滞納も、日常茶飯事でした（にもかかわらず、大家はその途中で会社の理念に共感し、100万円の出資を決めてくれました）。

なぜこの36カ月を乗り越え、その後、25名のよき仲間とともに会社を軌道に乗せることができたのか……その結論に関しては、走り続ける中でふと気がつきました。それは、「不倒の三角」があって事業創出に取り組んでいたためである、と。その不思議な三角の絵も、当時、自然に浮かんできました（図39-1）。

三角の底辺は、「ネットワーク・キャピタル」

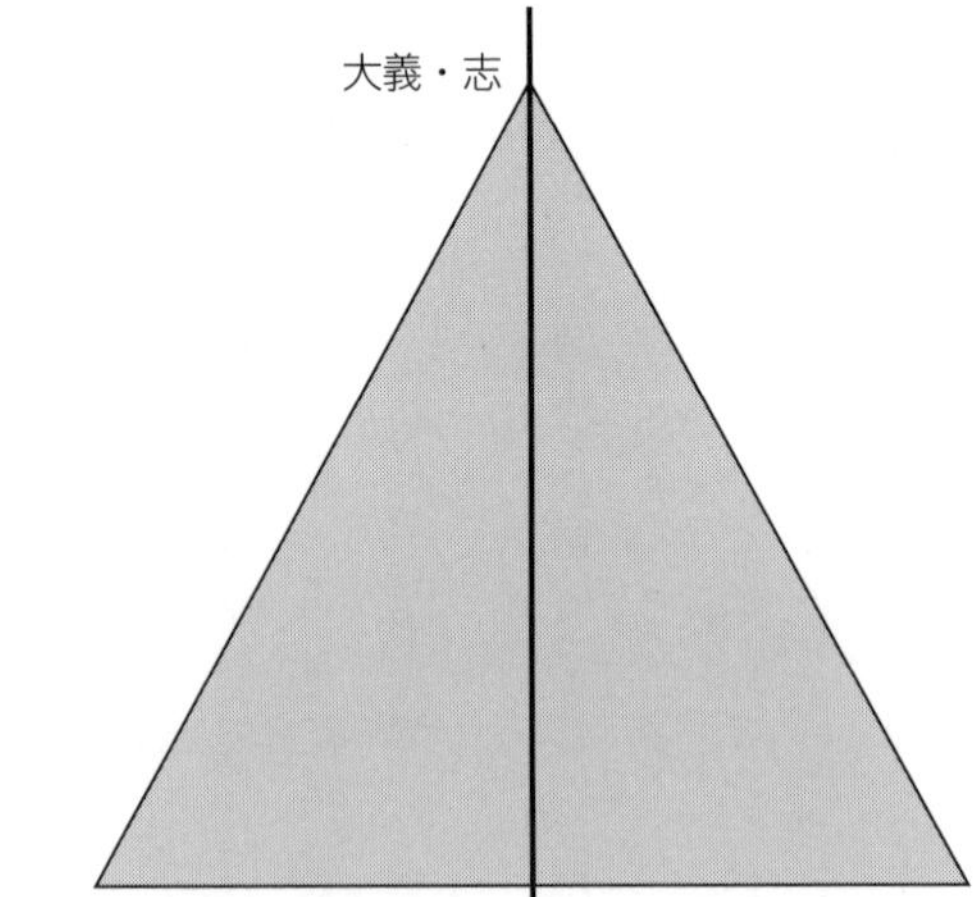

図39-1　社会変革者のための「不倒の三角」

という言葉で表現しています。これは、投資資本や物的資本などといった「キャピタル」より、最終的に決定的に大切なのが、自分が持っている「生きたネットワーク」であることを意味しています。生きたネットワークとは、実際に呼びかけることができ、一緒に悩んでくれたり、他の会社や人を紹介してくれたり、あるいは大切な場面で金銭的にも助けてくれる仲間、メンター、支援者、友人のことです。㈱イースクエアの初期の資金調達においても、その後の暗黒の3年を乗り切るにあたっても、幾度となくこの真の意味での「人的資本」に救われ、その重要性を痛感しました。

ただし、多くの人の実質的なサポートを獲得するにあたって、やはり第38章で紹介した最初のP＝純度という原則を曲げないことが必須です。「信じられない！」と思えるような支援は、純度が低ければ現れることがありません。

三角の縦軸に「大義・志」と書きました。帆柱を立て、私利私欲を超えた「何か大きなこと」のために、常にぶれずに行動することによって得られる強さを意味しています。これがパッションの源であると同時に、他人とも深いところでつながり、共感し合うために大切になります。情熱維持（2つめのP）を、年の単位で実現するための要点でもあります。

支えてくれる仲間がいる（三角の底辺）ことに加え、高い志を掲げ続けること（縦軸）が成功の基礎条件になると同時に、強い忍耐力と継続力を与えてくれるポイントにもなります。「一人で」何かを成し遂げることはできませんし、「志」なくしては、大きな夢も結実しないでしょう。

ところで、この三角の縦軸は、下にも、上にもはみ出ていますね。これは何も図表を書いた方のミスではなく、この2つの「突出」こそが、社会変革者として、あるいは組織を本質的に変えたい人にとって重要なところです。下にはみ出ているのは、「岩盤まで突き刺さる大義・志」を示しています。うわべだけの、見繕ったような大義は「大」義ではなく、自己中心の小義に仮面をかぶせたに過ぎず、長続きはしません。一方で、上にはみ出ているのは、遠くを見て、メガトレンドや社会と事業に大きな影響を与える潮流を読んで、冷静に分析することの大切さを示しています。「データ×情熱」で常に仕事に取り組んできたことを前に紹介しましたが、データは縦軸が上にはみ出した部分（メガトレンドの深読み）でもあり、情熱は下にはみ出している部分（ゆるぎない、ぶれない志）によって養われるものです。

「七転び八起き」と日本語にありますが、「不倒の三角」の面積が大きければ大きいほど、倒れにくくなります。当然、挑戦に失敗はつきものですが、この三角を築けているならば、何度でも再起できます。失敗を学習材料へと転換することができ、人の無関心や抵抗は「やってみせるぞ!」という、次なる行動の燃料になります。

本書第1部で紹介したライフアンカー（マイ憲法）を礎に、社会とどう関わりたいかをぜひ一度考えてみてください。自分の生活に少し変化を起こすフィールド1、他者や会社に対して自分の影響の輪を広げて行動するフィールド2、それとも組織、コミュニティ、社会に質的な変革をもたらそうと奮闘するフィールド3。いずれでもよいと思いますが、可能であれば「今いるフィールドより少しでも広げてみること」をおすすめしたいと思います。最終的に、自分の人生をどう送るかは、自分にしか決めることができません。被害者意識で、あれこれ「できない」と言い続けても仕方がありませんし、世の中に多数存在するドリームキラーや「だからできないんだ族」に屈しても悔しいだけだと思います。スモールセルフで生きるより、ぜひビッグセルフの生き方を目指して、自分に合った形の「不倒の三角」を描き、設計し、建造してみてください。

第40章

リーダーシップ道場における「公」の場

「公」や「社会」とどう接するかは、必ずしも簡単に決められることではないと思います。ましてや、そこで「リーダーシップを発揮せよ」と言われれば、迷ってしまう人すらいるかもしれません。この第４部で見てきたように、社会におけるリーダーシップは、「ハウ」(how) とか「ホワット」(what) で完結するものではありません。「公」のフィールドにおいてのみならず、人生の４つの場を行ったり来たりする中で、常に問いたいのはリーダーシップの「ホワイ」(why) および「ウェアトゥ」(where to) だと思います。つまり、何を目的に、どこに向かおうとしているのか。

アドルフ・ヒトラーも1人のリーダーでした。しかし、彼が民を導いた先には憎しみと死と崩壊しかありませんでした。ヒトラーなら、ほとんどの人はそのリーダーシップの在り方に共感しませんが、現代社会で起きていることは、加害者と被害者が入り組んでいる、より複雑なことです。よかれと思って行動している多くの（肩書ある）リーダーは、「なぜ」、「どこへ」と導いているかに関する問いが弱すぎると感じます。

公と社会の先にあるのは、世界、地球、自然界、そして将来世代です。このような広い、多極的な視点からも、リーダーシップの方向性が正しいか否かを我々が自問自答しない限り、１００億人の人々（2050年代）が、平穏かつ豊かに暮らせる地球社会は実現できないと思います。機能障害を起こしてしまっているグローバルな社会経済システムにおいて、真のリーダーは既定路線をよしとせず、またシステム内のルールにただ従うべきではないと考えます（それは、現状維持を目指す取引型リーダーがとる行動です）。「リーダー」とは、その定義上「ついていく」だけの人間ではありません。現行システムにただ従って行動をとっているのであれば、本当に「リーダー」といえるかどうかも疑わしくなります。このままの道を進んでいくと、健全で生存可能な未来へと向かえるのか――このことは、地位・権力・財力を持つリーダーなら特に問い続ける必要があります。

第4部では、次のような角度から「公・社会の場」におけるリーダーシップを見てきました。

「自分」という存在の面積や生き方の哲学を考える
（＝社会とどう関わりたいかを自己点検する）

・スモールセルフで生きるか、ビッグセルフで生きるかを選ぶ
・トレード・オンを社会まで拡大する
・社会・公と関わり合える3つのフィールド

取引型リーダーシップと変革型リーダーシップの違い（どの幅と深さの変化を追い求めるかを考え、システムや社会を動かすための変革型リーダーシップの基本を知る）

・取引型リーダーと変革型リーダーの思考と行動の違い
・世界におけるタイトルなき変革型リーダーのあり方
・変革型リーダーのレジリエンスを高める５Ｐと不倒の三角

「正しくリード」するとは。リーダーシップの質をどう測るか（＝リーダーシップの本当の質は、「目的地」の設定の在り方から導き出される）

・リーダーシップの失敗と、ホワイやウェアトゥを問う大切さ

社会や公という「場」は、私たちが集団として持つ共通の価値観、言い換えれば「文化」がつくられるところでもあります。その文化が定める社会規範やカルチャースケープにただ従って生きるのか、それとも自分なりに取捨選択して生きるかは、あなた次第です。

本書では、その共通の価値観や社会のあり方をデザインする一員として生きることをおすすめしてきました。この作業に参加してはじめて、人生を構成するすべての場において、リーダーシップを発揮することができるのです。マジョリティが定めた「社会のルール」に対して、何ひとつ疑問を抱か

ず、また主体性を持たずに生きているのであれば、要注意なはずです。アメリカの作家マーク・トウェインは、かつて次のように指摘していました。「自分がマジョリティの側に立っていると思った時こそ、立ち止まってよく考えるべきです」。残念ながら、今の日本ではこのように考える人が少な過ぎると感じます。与えられた条件設定のもと、「社会を維持する」だけの人生ではなく、「必要な時は社会を変えるために動き、よりよい未来をデザインする生き方」、つまり、変革型リーダーとしての覚悟を持って行動してこそ、真に充実した人生と、恥じることなく次の世代に手渡せる社会が実現するのです。

エピローグ

人生は、４つの場からなる道場のようなものです。

「心・体・間・公」――この４つのフィールドを行き来しながら私たちは生きています。

道場は、実践を通じて学ぶ場であり、「道」という漢字からも読みとれるように、常に動的です。

道の上を進みながら学び、己を磨き、他者との関係性を変えていきます。


本書では、「旅」というメタファーをよく使ってきました。

「道場」は、「動場」でもあるのです。

生まれてから死ぬまで、私たちはジャーニーを続けます。

陸地でいえば、その旅路の上には、山もあれば谷もある。

なめらかな道のりもあれば、茨だらけの場合もあります。

海でいえば、荒波に翻弄されるときもあれば、風1つない凪《なぎ》の海の時もあります。
人生を航海と捉えるならば、私たちは、何かと順風満帆であってほしいと願います。
しかし、順風満帆の人生など、存在しません。
それは、水平線のかなたに霞む、幻想に過ぎません。
本書の主な題材である筆者本人の人生も、ほとんど順風満帆な時がありません。
むしろ、荒波ばかり。
それでも充実しています。生きがいがあります。面白いし、楽しい。

仮に、すべてが順風満帆であったとしても、そこから得るものはほとんどありません。
難しい風が吹いた時こそ、どのようにして帆を巧みに切るかを学ぶ。
風に負けるのではなく、斜めに進みながらも、向かいたい目標へと着実に進む。

追い風の時もあれば、向かい風も経験する。
風こそ吹いてほしいのに、無風の時も。
そんな中、私たちは、人生の道場の中で研鑽《けんさん》を繰り返し、学びを続けます。
「乗り越えた」ことによって得られる充実感があり、
「失敗したこと」からしか生まれない知恵もあります。

道場での闘いは、他者を負かすためのものではありません。
自分との闘いであり、勝者も敗者もいない戦のはずです。
自分を責める必要も、他者をけなす必要も、ありません。

ただし、その中でも放棄をしてはならないことがあります。
それは、自分として責任を引き受けて生きること、
自分の「これから」の可能性を信じ続けること、
そして、一人称で、主体性を持って物事を考え、前を向いて動くことです。

リーダーシップ道場。
苦しむ場もあるからこそ、
きっと、あの仏陀《ぶっだ》がそうであったように、
私たちも、ふと、緑が茂る木の下で、
心地よい座に腰を下ろした時に、
自分の存在の意義と、
自分として「明日やりたいこと」が、
おのずと見えてくるのかもしれません！

後注

P4 ＊1 Viktor Frankl. 1946. *Man's Search for Meaning* より著者訳

＊2 Alex Pattakos. 2010. *Prisoners of Our Thoughts : Viktor Frankl's Principles for Discovering Meaning in Life and Work*. Berrett-Koehler Publishers より著者訳

P7 ＊3 Lakhiani, Vishen (2019), *The Code of the Extraordinary Mind*, Rodale Books

P18 ＊4 New York Dynamic Neuromuscular Rehabilitation and Physical Therapy, The Janda Approach to Pain Management and Body Mechanics を参照。https://nydnrehab.com/

P43 ＊5 詳細にご関心のある方は、天台宗のこちらのウェブサイトをご参照ください。https://ichigu.net/about/person.php

P54 ＊6 この1節は、広くカール・ユングの言葉として紹介されますが、その元をたどることが難しく、彼の書物の言葉の解釈として後に広まった可能性が高いようです。

P57 ＊7 Miguel, Don Louis, The Four Agreements: A Practical Guide to Personal Freedom（1997）にて紹介される「4つの約束」の1つです。他の3つは、Don't take anything personally（起きるさまざまなことを、個人の責任と思わないように）、Don't make assumptions（憶測に基づいて行動しないように）、Always do your best（常に最善を尽くすように）

P58 ＊8 横山紘一著『唯識の思想』（講談社学術文庫）２０１６年

P60 ＊9 キング牧師のスピーチの全文：https://www.npr.org/2010/01/18/122701268/i-have-a-dream-speech-in-its-entirety

P64 ＊10 研究成果を紹介しているコペンハーゲン大学のホームページ：https://humanities.ku.dk/news/2024/people-without-an-inner-voice-have-poorer-verbal-memory/

P65 ＊11 一例として「子供・若者白書（令和元年版）」（内閣府）を参照されたい。

P70 ＊12 Aurelius, Marcus, Meditations にて紹介される一節。アウレリウスは、１２１年から１８０年まで生きていた第16代ローマ皇帝。哲人皇帝とも呼ばれています。

P76 ＊13 この言葉は、アリストテレス本人が発したのではなく、アメリカの歴史家兼哲学者、ウィル・デュランがアリストテレスの書物を参考にこのように表現したようです。

＊14 Clear, James (2018), Atomic Habits – Tiny Changes, Remarkable Results より著者訳。邦訳は『ジェームズ・クリアー式　複利で伸びる1つの習慣』（パンローリング株式会社、２０１９年）

P85 ＊15 University of College London の研究によると、新しい習慣が根づくまで平均で66日かかるとしていますが、大きな個人差も同じ研究で確認され、あくまで「平均」の値です。
https://www.ucl.ac.uk/news/2009/aug/how-long-does-it-take-form-habit

P89 ＊16 この言葉は、ネルソン・マンデラの自伝『自由への長い道』（NHK 出版、１９９６年）に出てきます。原著は Long Walk to Freedom (1994)。

P110 ＊17 これは、中国古来の諺《ことわざ》に由来する考えのようですが、近年は運動法ピラティスを生み出したドイツのジョセフ・ピラティスが多用していました。

P115 ＊18 Sharma, Robin, *The 5 Am Club* (2018), HarperCollins Publishers

P117 ＊19 多細胞の生き物の期限については、諸説あるようですが、15億年以上前に現れていることは確かなようです。

P118 ＊20 Elena A. Pomonarenko. et al. The Size of the Human Proteome: The Width and the Depth (2016), International Journal of Analytical Chemistry

P125 ＊21 「神経系はどんな構成になっている?」看護 roo！（kango-roo.com）を参考に、一部加筆。

P171 ＊22 中根千絵著『タテ社会の人間関係―単一社会の理論』P83

P184 ＊23 Wikipedia「学習性無力感」を参考に記述

P192 ＊24 ㈱イースクエア創業時（２０００年）の5つの黄金ルール。①Stay Positive（楽観主義者のみ世界を変えられる）、②Make a Difference（世の中に何か違いを起こせ）、③Action Breeds Results（行動のみが波及効果を生む）、④Be Creative（創造性を発揮せよ）、⑤Exceed Expectations（期待を超えよ）

P208 ＊25 Gallup, State of the Global Workforce 2024 より引用

P215 ＊26 ピーター・D・ピーダーセン著『レジリエント・カンパニー―なぜあの企業は時代を超えて勝ち残ったのか』（東洋経済新報社）２０１４年、ピーター・D・ピーダーセン著『しなやかで強い組織のつくりかた―21世紀のマネジメント・イノベーション』（生産性出版）、２０２２年

P227 ＊27 レスター・R・ブラウン著『エコ経済革命―地球と経済を救う5つのステップ』（TTJ・たちばな出版）１９９８年

P229 ＊28 The Deming Institute ホームページ参照
https://deming.org/a-bad-system-will-beat-a-good-person-every-time/

P236 ＊29 スティーブン・R・コヴィー著『7つの習慣』（原著は１９８９年に出版されましたが、現在は英語のみならず日本語でもさまざまなバージョンや関連本が出版されています）

P240 ＊30 MacGregor Burns, James (2004), Transforming Leadership, Grove Press

文献一覧

Clear, James (2018), Atomic Habits - Tiny Changes, Remarkable Results

（日本語版）ジェームズ・クリアー著、牛原眞弓訳『ジェームズ・クリアー式　複利で伸びる1つの習慣』(パンローリング株式会社）2019年

Elena A. Pomonarenko et al. The Size of the Human Proteome: The Width and the Depth (2016), International Journal of Analytical Chemistry

Frankl, Viktor (1946), Man's Search for Meaning

MacGregor Burns, James (2004), Transforming Leadership, Grove Press

Marcus Aurelius, Meditations

Miguel, Don Louis, The Four Agreements: A Practical Guide to Personal Freedom（1997）

Nelson Mandela, Long Walk to Freedom（1994）

（日本語版）ネルソン・マンデラ著、東江一紀訳『自由への長い道』(NHK出版）1996年

Lakhiani, Vishen (2019), The Code of the Extraordinary Mind, Rodale Books

H. Lipton, Bruce, The Biology of Belief - 10th Anniversary Edition (2015), Hay House LLC

（日本語版）ブルース・リプトン著、西尾香苗訳『「思考」のすごい力　心はいかにして細胞をコントロールするか』PHP研究所、2009年

Pattakos, Alex (2010), Prisoners of Our Thoughts: Victor Frankl's Principles for Discovering Meaning in Life and Work, Berett-Koehler Publishers

Sharma, Robin, The 5 Am Club (2018), HarperCollins Publishers

スティーブン・R・コヴィー著『7つの習慣』(FCEキングベアー出版) 1996年

中根千絵著『タテ社会の人間関係 ―単一社会の理論』(講談社) 1967年

ピーター・D. ピーダーセン著『レジリエント・カンパニー ― なぜあの企業は時代を超えて勝ち残ったのか』(東洋経済新報社) 2014年

ピーター・D・ピーダーセン著『しなやかで強い組織のつくりかた ―21世紀のマネジメント・イノベーション』(生産性出版) 2022年

横山紘一著『唯識の思想』(講談社) 2016年

レスター・R. ブラウン著『エコ経済革命 ―地球と経済を救う5つのステップ』(TTJ・たちばな出版) 1998年

『子供・若者白書 (令和元年版)』(内閣府)

Gallup, State of the Global Workforce 2024

New York Dynamic Neuromuscular Rehabilitation and Physical Therapy, The Janda Approach to Pain Management and Body Mechanics
https://nydnrehab.com/

The Deming Institute
https://deming.org/a-bad-system-will-beat-a-good-person-every-time/

University of College London
https://www.ucl.ac.uk/news/2009/aug/how-long-does-it-take-form-habit

看護roo!
https://www.kango-roo.com/

キング牧師のスピーチ全文
https://www.npr.org/2010/01/18/122701268/i-have-a-dream-speech-in-its-entirety

コペンハーゲン大学ホームページ
https://humanities.ku.dk/news/2024/people-without-an-inner-voice-have-poorer-verbal-memory/

天台宗ホームページ「一隅を照らす運動」
https://ichigu.net/about/person.php

◆著者プロフィール◆

ピーター D. ピーダーセン（Peter David Pedersen）

1967年デンマーク生まれ、30余年日本在住。

NPO法人NELIS代表理事（世界100カ国超の若手リーダーによるグローバル・コミュニティ）。大学院大学至善館（MBAプログラム）教授。㈱トランスエージェント会長。丸井グループ、明治ホールディングス、三菱電機株式会社社外取締役。
1984年、高校留学生として初来日、栃木県宇都宮市に暮らす。1995年以降日本に定住、環境経営、サステナビリティ経営、ESG・SDGsの推進に取り組む傍ら、2015年から独自のコンセプト〈トリプルA経営〉に基づく組織風土改革と、NELISを通じて国内外の次世代リーダー育成も活動テーマとする。

リーダーシップ道場
人生と仕事を豊かにする40の実践知　〈検印廃止〉

著　者　ピーター D. ピーダーセン
発行者　坂本 清隆
発行所　産業能率大学出版部
東京都世田谷区等々力 6-39-15　〒 158-8630
（電 話）03（6432）2536
（FAX）03（6432）2537
（URL）https://www.sannopub.co.jp/
（振替口座）00100-2-112912

2025 年 3 月 30 日　初版 1 刷発行

印刷・製本／渡辺印刷

（落丁・乱丁はお取り替えいたします）　ISBN 978-4-382-15858-0